리더의 동기부여 **대화법**

리더의 동기부여 대화법

초판 1쇄 인쇄 | 2022년 11월 15일
초판 1쇄 발행 | 2022년 11월 20일

지은이 | 김동기
펴낸이 | 김진성
펴낸곳 | 헤르비북스

편 집 | 허민정, 강소라
디자인 | 이은하
관 리 | 정보해

출판등록 | 2005년 2월 21일 제2016-000006
주   소 | 경기도 수원시 장안구 팔달로237번길 37, 303호(영화동)
대표전화 | 02) 323-4421
팩   스 | 02) 323-7753
홈페이지 | www.heute.co.kr
전자우편 | kjs9653@hotmail.com

값 14,000원
ISBN 978-89-93132-82-3(03320)

리더의
동기부여
대화법

당신은 그저 그런 관리자인가, 진정한 리더인가?

김동기 지음

프롤로그

동기부여, 리더가 져야 할 가장 큰 책무

오래전 '낭만닥터 김사부'라는 드라마를 재미있게 본 기억이 있다. 가능성은 무궁무진하지만 아직 완전히 여물지 않아 실력을 제대로 발휘하지 못하는 젊은 두 의사의 성장 이야기를 다뤄 큰 사랑을 받았던 드라마였다. 이 드라마 최종회에서 여주인공 '차은재'는 과거 심한 성장통을 앓았을 때 자신을 믿어주지 않고 격려해주지 않은 선배에게 이렇게 말한다.

"혹시 코이의 법칙이라고 아세요? 키우는 어항이나 수족관 크기에 따라 관상어의 크기가 변한데요. 김사부가 그랬어요. 사람은 믿어주는 만큼 자라고, 아껴주는 만큼 여물고, 인정받는 만큼 성장하는 법이라고."

비단잉어의 한 종류인 '코이'는 작은 어항에서 키우면 5~8cm 크기로 자라지만, 넓은 강에서 키우면 최대 90~120cm까지 자란다고 한다.

"사람이 곧 경쟁력이다"라는 말이 있다. 한때 기업 사회에 회자되었던 이 말에 이의를 제기하는 사람은 없을 것이다. 뛰어난 인재는 기업의 경쟁력 제고와 성장과 발전을 위한 밑거름이기 때문이다. 그 필요성을 인식해서일까? 최근 들어 기업의 리더들이 뛰어난 인재 영입은 물론 그들이 역량을 제대로 발휘하도록 많은 노력을 기울이는 모습을 볼 수 있다.

그렇다면 리더들의 노력만큼 구성원들은 제대로 역량을 발휘하고 있을까? 내가 만나본 리더들의 말에 따르면 그렇지 않은 것이 현실이다. 도대체 무엇이 이들로 하여금 자신의 역량을 제대로 발휘하지 못하게 하는 걸까?

이와 관련해서 2019년 취업포털 '사람인'이 조사한 의미 있는 자료가 있다. '직장인이 퇴사하는 이유'를 조사했더니, 퇴사자 10명 중 8명이 일이 아닌 사람이 싫어서 퇴사했다고 한다. 그리고 그중 선배(상사)와의 갈등이 후배(부하 직원)와의 갈등보다 4배가량 많았고, 갈등의 원인은 주로 업무와 관련 있었다고 한다.

그렇다면 조직 구성원들이 자신의 역량을 마음껏 발휘하고, 그들에게 팀워크와 업무 효율성을 극대화시킬 방법은 없는 것일까? 다행히 비용도 거의 들지 않고 최고의 효과를 볼 수 있는 방법이 있다. 바로 '소통'이 그것이다. 그러나 소통은 쉬운 일이 아니다. 직장생활에서 소통이 제일 어렵다고 말하는 직장인들이 많다는 것이 이를 방증한다. 이 책을 쓴 이유도 바로 여기에 있다.

이 책은 기본적으로 '동기부여 커뮤니케이션'에 대한 방법과 사례를 담았다. 기업 내 커뮤니케이션은 회사에서 자주 만나 함께 업무를 해보는 것이 매우 중요하다. 하지만 팬데믹 이후 비대면 커뮤니케이션이 증가하고, 그조차도 정보 전달과 지시와 보고 등 업무적 측면에 치중되다 보니 소통과 관계는 건조해졌다. 커뮤니케이션이 잘 이루어지지 않는 상황으로 내몰린 것이다.

동기부여 커뮤니케이션은 세 가지 유형, 즉 방향 제시, 심리적 안전감 제공, 의미 전달로 나눌 수 있다. 실생활에서는 이를 하나의 통합된 형태로 구사해야 효과를 볼 수 있다. 따라서 리더라면 현장에서 이 세 가지 유형의 대화 방법을 모두 활용할 필요가 있다. 이 방법을 모두 능숙하게 할 수 있다면 구성원들에게 '동기부여'에 대한 의욕을 불러일으킬 수 있을 것이다.

하지만 그러기 위해서는 반드시 필요한 선결조건이 있다. 구성원들에 대한 생각을 객관화하는 것으로, 이것이야말로 가장 중요한 포인트가 된다. 업무 중 문제가 발생했을 때, 직원에게 화를 내거나 비아냥댈 것이 아니라 문제에 대해 솔직하고 객관적인 시각에서 접근해야 한다. 그래야 직원들이 공감하고, 같은 팀이라는 연대감을 가질 수가 있다.

최근 전 세계로 비즈니스 전쟁이 확대되고 있다. 이렇다 보니 소통 방식 및 소통 속도의 중요성이 점점 강조되고 있는 추세다. 특히 과거와는 달리 획일적인 상명하복 대신 수평적 소통을 통한 구성원 각자의 자율적이고 자발적인 역량이 비즈니스의 성패를 결정짓는 매우 중요한 요소가 되고 있다.

이런 상황에서 리더에게 가장 필요한 역량 중 하나로 동기부여 능력이 제기되고 있다. 기업에게 있어서 가장 소중하고 가치 있지만, 아직 개발되지 않은 자원을 들라면 바로 '사람'을 꼽을 수 있다. 사람을 뽑고 성장시키는 것도 결국은 사람이 한다. 이 책은 바로 그러한 사람, 즉 리더를 위한 동기부여 도구이자 소통 도구로서의 대화법을 다루고 있다. 직장 내에서 조직 경영이나 처세에 활용한다면 조금은 도움이 될 것이라 믿는다.

이 책이 모쪼록 리더인 분과 리더로 성장하려는 분들께 마음속 불을 지피는 '동기부여'를 했으면 하는 바람이다. 이를 통해 조직 구성원들이 출근하고 싶고, 함께 일하고 싶은 직장을 만들었으면 하는 소망을 가져본다. 참고로 이 책에 등장하는 필자의 경험과 국내 사례는 특정 회사와 인물이 노출될 수 있기에 이니

설로 처리했음을 밝힌다.

  이 책을 집필하는 데 참 많은 분들의 도움이 있었다. 특히 책 내용 곳곳에 깊은 영감과 큰 도움을 주신 아주대학교 조영호 명예교수님, 박호환 전 경영대학원 원장님, 성민제 경영대학원 원장님께 감사드린다. 이 책에 소개된 다양한 사례를 함께 공유하고, 토론하며, 더 깊이 있게 만들어 주신 '커뮤니케이션과 퍼실리테이션' 과목을 수강해 주신 경영대학원 원우님들께도 깊은 감사를 드린다. 끝으로, 3년 전 아이디어 수준 때부터 구체적인 조언과 지지를 해주시고, 출간까지 산고의 아픔을 겪은 호이테북스 김진성 대표님께 진심으로 감사드린다.

CONTENTS

01

동기부여 대화는
왜 필요한가?

Intro

영속 성장을 위해 기업에는 유능한 인재가 필요하다. 조직에 인재가 많으면 창의적인 아이디어부터 어려운 문제 해결까지 어려움을 해결하고 효율성이 높아질 것이라고 생각한다. 정말 그럴까? 유능한 인재가 많은 조직은 뛰어난 성과를 올리고 있을까?

영국의 경영학자 메러디스 벨빈Meredith R. Belbin은 《팀이란 무엇인가》라는 책에서 '아폴로 신드롬'에 대해 소개했다. 유능한 인재들만 모인 팀들을 '아폴로 팀'이라 명명하고 이들의 성과에 대해 연구한 결과, 오히려 성과가 저조했다고 한다. 즉, 유능한 인재들만 모인 집단의 성과가 전반적으로 뛰어나지 않았던 것이다.

그러나 예외적인 '아폴로 팀'도 있었다. 이 팀에는 '윤활유 역할'을 하는 사람들이 있다는 차이가 있을 뿐이었다. 이들이 팀

의 갈등을 해소하고, 팀이 요구하는 역할과 개인적인 특성들이
잘 조화될 수 있도록 한 것이다.

　일반적으로 조직의 임원들은 "우리 회사가 성장하려면 뛰어
난 인재들이 많아야 돼"라고 말한다. 반면 구성원들은 "일할 분
위기만 잘 만들어진다면 제대로 실력을 발휘할 수 있을 텐데"라
고 말한다. 같은 공간에서 서로 다른 생각을 하고 있는, 말 그대
로 '동상이몽同床異夢'이다.
　그러나 이제는 발상을 바꿔야 한다. 유능하고 뛰어난 인재를
모으는 것이 중요한 게 아니다. 그들이 제대로 능력을 뽐낼 수
있도록 멍석을 깔아줘야 한다.

　1장은 '동기부여 대화법'이 어떤 이론을 바탕으로 시작되었는
지 알아보고, 대화를 시작할 수 있도록 마음을 잡아주는 내용을
담았다. 서점에 가면 '커뮤니케이션' 관련 책들이 매우 많다. '사
람들이 왜 이렇게 소통에 관심이 많을까?'를 생각해보면, 잘 되
지 않기 때문이다. 많은 이론이 필요한 것도 아닌데, 잘 되지 않
는 이유는 무엇 때문일까? '마음과 생각을 바꿔야 되는 일'이기
때문이다. 어떻게 해야 되는지 머릿속에만 있지 마음과 생각이

바뀌지 않았기 때문에 말로 표현하지 못하는 것이다.

멘탈 트레이너 하시가이 고지의 《운이 좋다고 말해야 운이 좋아진다》라는 책을 보면 "현실이 바뀌기를 원한다면, 이미 현실이 바뀐 것처럼 행동하라"는 말이 나온다. 조직에서 꼰대가 아닌 '리더'가 되고 싶다면, 구성원들이 역량을 마음껏 발휘할 수 있도록 해보라. 그것이야말로 진정한 리더의 역할이다.

1 경영의 성패는
사람 마음에 있다

"돌이켜보니 위기를 넘기고 사업을 키우는 건 인재도, 돈도, 능력도 아니었다. 가장 중요한 것은 '사람의 마음'이었다."

'경영의 신'으로 불리는 이나모리 가즈오가 《왜 리더인가》라는 책에서 한 말이다. 수많은 경험을 가진 유능한 인재나 풍부한 자금, 뛰어난 능력을 가진 경영진보다 함께하는 구성원들의 마음을 움직이는 것이 경영에서 가장 중요하다고 강조한 것이다.

최근 급변하는 경영 환경은 한 치 앞을 알 수 없고, 전략을 세워도 예측이 빗나가는 것이 이상하지 않은 현실이 되었다. 누가 바이러스로 인한 팬데믹을 예상했겠는가. 아무리 경험 많은 경영자라 할지라도 이에 대처하기는 쉽지 않았을 것이다. 더구나 구성원들과 함께 이에 능동적으로 대처하려면 '사람의 마음'을 움직이지 않고서는 할 수 없는 일이었을 것이다.

그렇다면 사람의 마음을 움직이는 것은 과연 무엇일까?

솔깃하게 들리는 연봉 인상, 승진, 성과급, 무한한 칭찬, 인사고가 등 외재적 요소들이 성과에 미치는 영향은 그리 오래가지 않는다는 것은 이미 많은 연구에서 드러난 바 있다. 궁극적으로 성과를 향한 지속성과 능동성은 사람이 지닌 내재적 요소, 즉 사람의 깊은 내면에 움츠리고 있는 동기, 필요성, 욕망을 자극함으로써 이끌어낼 수 있다.

여기서 질문을 하나 던진다.

'동기부여'의 주체는 누구일까?

정답은 그 누구도 아닌 바로 '자신'이다.

'내가 왜 이 일을 해야 하는가?', '무엇 때문에 해야 하는가?', '내게 이 일은 어떤 미래를 줄 것인가?', '내가 어떻게 하면 동료에게 도움이 될 수 있는가?' 등에 대한 답을 찾아보라. 누군가가 시켜서 마지못해 하던 일, 다른 누군가에게 슬며시 넘기고 싶은 일, 피하려고 애쓰고 싶은 일들이 다르게 느껴질 것이다. 또한 내가 책임감 있게 해야 하는 일에 먼저 자발적으로 나서거나 동료가 힘들어 하는 일에 먼저 다가가 도와주려는 배려심이 생기게 될 것이다. 이러니 사람 마음이 어찌 오묘하다 말하지 않을 수 있겠는가.

이러니 스스로 마음의 변화를 일으킨다면 그보다 좋은 것은 없을 것이다. 성공한 사람들을 보라. 그들은 마치 탁월한 자가발전 능력이 있는 것처럼 보인다. 그러나 그들도 늪에 빠져 허덕이고, 지쳐 쓰러져 나쁜 선택을 하려 했던 것을 미디어에서 어렵지 않게 찾아볼 수 있다.

강의를 할 때 "스스로 할 수 있어서 '자체발광'하면 좋지만 누구의 도움도 받지 않고 혼자 하려다가 '지랄발광'하는 경우도 있다"고 말하곤 한다. 이렇게 행동하는 이유는 자신이 가진 경험이 많지 않아서, 나를 도와줄 '찐리더'를 만나지 못해서, 조언을 들어도 자기 생각대로 해서 등 여러 가지 원인이 있을 것이다. 이때 만약 누군가가 현 상황을 정확히 인식한 후 조언이나 위로나 칭찬을 해준다면 어떨까?

1988년 제레미아 설리번Jeremiah J. Sullivan이 '동기부여 언어' 이론의 개념을 정립한 후, 재클린 메이필드Jacqueline Rowley Mayfield, 밀톤 메이필드Milton Ray Mayfield, 제리 코프Jerry Kopf 등 여러 학자들은 연구를 통해 구성원의 생산성과 결과물 그리고 직무 만족감의 상관관계에 대한 긍정적인 결과, 즉 리더가 언어적 커뮤니케이션 스킬을 적재적소에 효과적으로 활용하면 구성원들의 성과와 직무 만족감에 큰 영향을 미친다는 결과를 얻었다. 그리고 여기서 한걸음 더 나아가 리더의 동기부여 언어에 대한 세부적인 요인으로 방향을 제시하는 언어, 주관적 감정이입 언어, 의미를 부여하는 언어 세 가지를 언급했다.

기업에서 지속적인 성장을 원치 않는 리더는 없다. 이를 위해 구성원들이 업무에 만족하고 집중할 수 있도록 다양한 동기부여 방법론이 연구되어 왔고, 앞으로도 연구될 것이다. 사람 마음을 변화시키는 것은 쉬운 일이 아니다. 하지만 지속적인 성장을 이루려면 사람 마음을 변화시키는 것은 물론 세대 간 폭넓은 소통도 필요하다. 2021년 12월 9일 통계청 조사에 따르면, 업무 현장에서 활발히 활동하는 MZ세대(1980년~2005년 출생자)는 약 1,630만 명으로 전체 인구의 32.5%를 차지한다. 이들뿐 아니라 최근 직장생활의 주요 트렌드인 워라밸Work-Life Balance, 일과 삶의 균형을 중시하는 문화에서도 동기부여를 통한 업무의 능동성과 효율성은 중요한 포인트가 된다.

앞서 말했듯 사람 마음을 변화시킨다는 것은 쉬운 일이 아니다. 경우에 따라 짧은 시간이 걸릴 수도 있고, 긴 시간이 걸릴 수도 있다. 리더와 구성원 간에 신뢰와 믿음이 얼마나 쌓여 있느냐에 따라 그 속도와 방향은 달라진다. 확실한 것은, 한 번 시작된 '마음의 변화'는 물리적인 외부 요인에 대한 변화보다 훨씬 단단하고 지속적이며, 이를 통해 스스로 성장해 간다는 것이다.

2 능동형 인재 양성의 전제 조건, '동기부여'

"리더가 구성원들에게 동기부여를 시작한 것은 언제부터일까?"

이 질문을 받으면 순간 멈칫하는 사람이 많을 것이다. '그러게, 과연 언제부터일까?', '동기부여라는 말이 생긴 시점을 찾아보면 되지 않을까?', '리더십이나 조직론 관련 책들에 나와 있지 않을까?' 등 다양한 생각을 할 것이다. 그러나 아무리 과거로 거슬러 올라가도 딱히 언제부터라고 말하기는 쉽지 않다. 역사적인 기록을 찾는다 해도 최초라는 수식어를 쓸 수 있을지는 모르지만, 정확한 답을 찾기란 쉽지 않다.

추측건대, 원시 부족국가 시대의 족장이나 수렵에서 우두머리 역할을 했던 누군가가 인류 최초로 구성원들에게 동기부여를 하지 않았을까 싶다. 수렵으로 먹거리를 확보할 때 능동적이고 효율적인 구성원들의 움직임을 통해 사냥 성과를 올리기 위해서 말이다.

그렇다면 21세기에 접어든 지금은 어떤가?

산업화 이후 조직과 기업은 치열한 경쟁에서 살아남기 위해 변화와 혁신을 거듭해 왔다. 이를 소홀히 하면 시장에서 한순간 퇴출되었기 때문이다. 비즈니스 컨설턴트인 브라이언 트레이시Brian Tracy는 《동기부여 불변의 법칙》이란 책에서 "가장 귀하고 비싸지만, 아직 개발되지 않은 자원이 있다면 무엇일까?"라고 물은 뒤 "바로 사람이다"라고 답하면서 동기부여의 중요성을 강조했다. 이제 기업 경쟁력은 평범한 구성원들이 능력을 얼마나 발휘하느냐에 따라 판가름되고 있다. 구성원이 제 몫을 다할 때 조직은 단단해지고, 기업은 성장할 수 있다. 또한 기업이 성장하면 개인도 자연스레 성장할 수 있다.

4차 산업혁명이 본격화된 지금, '사람'은 어느 때보다 경쟁력의 원천이 되고 있다. 시대의 변화 폭이 매우 크고, 불확실하며, 하나가 아닌 여러 가지가 복합적으로 섞여 명확한 해법을 찾기가 쉽지 않기 때문이다. 이러한 변수를 변동성Volatility, 불확실성 Uncertainty, 복잡성Complexity, 모호성Ambiguity의 머리글자를 따 뷰 카VUCA라고 한다. 경영 환경이 한 치 앞을 내다보기 힘든 현 상황을 나타낸 말이다.

우리나라는 제조업 비율이 높은 나라다. 그런데 최근 들어 주 52시간제 도입 등 근무환경의 변화로 기업은 물론 구성원들도 어려움을 겪고 있다. 또한 MZ세대의 등장으로 구성원들도 젊어지고 있다. 세대 담론의 원조격인 'X세대'가 문화와 패션에서 그동안 볼 수 없던 파격을 선보인 후 M(밀레니얼)세대와 Z세대가 등장함으로써 같은 조직에 개성도 다르고, 이슈도 다른 여러 세대가 공존하고 있다. 이런 조직은 각각의 특성과 핵심 가치를 존중하고, 이해하며, 열린 생각으로 소통해야 갈등이 적다.

컨설팅 그룹 맥킨지에 따르면, 변화에 제대로 적응하는 상위 20% 기업이 경제적 이익의 95%를 가져가는 승자독식 구조가 심화하고 있다고 한다. 그래서 많은 기업들이 변화에 잘 적응하기 위해 '속도'에 집착하고, 그 속도를 만들 '인재'에 집중하고 있다고 한다. 뷰카 시대에 기업들은 생존을 위한 방법으로 '인재'를 통한 '속도'를 추구하고 있는 것이다.

2020년 이전 우리는 바이러스로 인한 팬데믹을 상상도 하지 못했다. 그런 상태에서 팬데믹에 직면하자 기업들은 소위 '멘붕'에 빠졌다. 이렇게 급변하는 외부 환경에 제대로 대응하지 못해 어려움에 빠지는 기업을 우리는 무수히 보아왔다. 이런 긴급 상황에서는 구성원들이 어떻게 역량을 발휘하느냐에 따라 성장과 발전에 큰 차이를 보인다. 리더가 구성원들의 내면에 울림을 주는 것은 물론 동기부여를 제공하며, 함께 호흡해야 하는 이유다.

매킨지는 산업별로 세계 최상위 기업을 '기업의 정체성Who we are', '운영 방식How we operate', '성장 모델How we grow' 측면에서 살펴본 후 다음과 같은 3가지 공통적 특징을 보인다고 결론지었다.

- 어떤 가치를 창출할지 '명확한 목적'을 제시하는 기업
- 빠른 변화에 잘 적응하기 위해 '인재에 집중'하는 기업
- 산업 생태계를 선도하기 위해 '지속적으로 학습'하는 기업

이제는 기업은 물론 개인도 '빠른 라이프 사이클 전략'으로 외부 환경에 적극 대응해야 한다. 그 전략에는 사람을 움직이는 힘, 즉 '동기부여'가 핵심이 된다.

3 상황을 변화시켜야
창의성이 만들어진다

　세계적인 경영전략가 게리 하멜Gary Hamel은 지금처럼 불확실성이 높은 경영 환경에서 성공에 기여하는 요소로 열정(35%), 창의력(25%), 추진력(20%) 등을 꼽았다. 반면에 순응이나 복종 같은 요소는 기여하는 것이 0%, 즉 하나도 없다고 지적했다.

　기업들은 창의적인 인재를 찾고 있고, 많은 사람들은 창의적인 사람이 되고 싶어 한다. 강의 중 "자신이 창의적이라고 생각하는 사람이 있다면 손을 들어보세요?"라는 질문을 자주 한다. 대개는 주변을 둘러보며 수줍게 손드는 사람이 50명 중 7~8명 정도에 불과하다. 개인적 경험이라 일반화할 수는 없겠지만, 자신이 창의적인 사람이라고 생각하는 사람이 많지 않음을 알 수 있다.

그러면 손들지 않은 사람들에게 다시 묻는다.

"왜 자신이 창의적이라고 생각하지 않는 것이죠?"

그 물음에 "저는 생각이 평범한 사람이에요. 문제가 생겼을 때 참신한 아이디어가 잘 떠오르지 않아요"와 같은 대답이 가장 많다.

그러면 "21세기 들어 가장 창의적이고 혁신적인 제품이 뭐라고 생각하세요?"라며 방향을 바꿔 질문한다. 사람들은 "스타일러", "AI", "스마트폰" 등을 외친다. 하지만 그중 가장 많은 사람들이 답하는 것은 뭐니 뭐니 해도 '스마트폰'이다.

그 대답에 마지막으로 "스마트폰이 세상에 없던 제품인가요?"라고 질문한다. 이 질문에 강의를 듣는 사람들은 약간 갸우뚱하며 생각에 빠진다. 그때 나는 이 말을 던진다.

"스마트폰은 여러 기기들의 조합 아닌가요?"

그렇다. 스마트폰은 핸드폰, 카메라, MP3, 넷북 등을 조합해서 가장 창의적이고 혁신적인 제품으로 창조된 것이다.

아주대 심리학과 김경일 교수는 한 언론 인터뷰에서 "창의성은 타고나는 능력이 아니며, 상황의 힘이 새로운 아이디어를 만들어 내는 원동력"이라고 말했다. 그러나 많은 사람들은 '창의적인 것=아무도 생각지 못한 아주 기발한 것'이라고 생각한다. '상황 변화를 통해 창의적인 생각을 하도록 만드는 것', 이것이야말로 구성원들을 창의적인 인재로 성장시키기 위해 리더가 갖추어야 할 역량이다.

스스로 실행하지 않는 구성원에게 창의적인 생각이 나오기란 사실 불가능하다. 구성원을 움직이려면 리더가 먼저 움직여야 한다. 어떤 생각이든 수용하고, 무엇이든 시도하고 싶은 분위기를 만들어야 사람을 창의적으로 만들 수 있다. 겉으로만 춤을 추는 댄서는 유능할 수가 없다. 흐르는 음악에 몸과 마음을 맡기고 하나로 표현할 때 비로소 최고의 몸짓을 낼 수 있고, 최고의 댄서가 될 수 있다. 창의성, 즉 새로운 생각을 만드는 과정도 마찬가지다. 다양하고 넓게 퍼져 있는 수많은 생각들을 어떻게 조합하느냐에 따라 창의성은 발현된다.

미국의 교육행정가 밥 에벌Bob Eberle이 고안한 창의력 증진기법으로 '스캠퍼SCAMPER'라는 것이 있다. 창의적인 사고를 유도해서 제품이나 서비스나 프로세스 등을 새롭게 만드는 일종의 창의력 발상 방법이다. 그 방법을 간단히 설명하면 다음과 같다.

- **S**ubstitute(대체하기): 기존의 성분, 사람, 재료, 과정 등을 새로운 것으로 대체하면 어떨지를 묻는다.
- **C**ombine(결합하기): 기존과 다른 요소, 콘셉트, 목적 등과 결합하면 어떨지를 묻는다.
- **A**djust(응용, 조정하기): 어떤 것을 다른 목적과 조건에 맞게 응용하거나 조정하면 어떨지를 묻는다.
- **M**odify, **M**agnify, **M**inify(변형 · 확대 · 축소하기): 기존 제품의 형태, 색, 무게, 의미 등을 새롭게 수정 · 확대 · 축소하면 어떨지를 묻는다.
- **P**ut to other uses(용도 바꾸기): 기존의 것을 전혀 다른 용도나 다른 상황에서 사용하면 어떨지를 묻는다.
- **E**liminate(제거하기): 기존 제품의 일부를 제거하면 어떨지를 묻는다.
- **R**everse, **R**earrange(역발상, 재배열): 기존 제품의 순서, 배열 등을 바꾸거나 기존의 생각과 반대되는 생각을 한다면 어떨지를 묻는다.

'스캠퍼'는 현재의 것을 다른 생각, 다른 시선으로 보는 것을 말한다. '스마트폰'도 기존 제품들의 특성을 적절히 조합해서 활용도를 극대화할 수 있도록 재창조한 제품이다. 이처럼 물고,

뜯고, 뒤집고, 없애고, 다르게 사용하다 보면, 어느 순간 생각지도 못한 것을 발견하게 된다. 이런 발상을 할 수 있도록 놀이터를 제공해주는 존재가 바로 '리더'다.

리더는 구성원들이 엉뚱한 상상을 하고, 실패를 경험하며, 잠시 멈춤을 통해 비즈니스를 즐길 수 있는 놀이터를 만들어 주어야 한다. 문제를 빨리 해결하기를 원하는 상황이나 적막한 분위기가 감도는 회의실에서는 참신한 아이디어가 나올 수 없다. 리더가 어떤 상황을 만드느냐에 따라 창의력은 큰 차이를 보이게 된다.

구성원들의 창의력을 높이고, 열정을 자극할 수 있는 또 하나의 핵심 열쇠가 있다. 바로 '회복탄력성'이다. 도전해서 누구나 성공만 하는 것은 아니다. 실패하고 좌절하고 낙담하는 구성원들도 있게 마련이다. 상황을 즐기도록 만든다 해도 이런 상황은 생길 수밖에 없다. 심한 스트레스와 좌절감으로 힘들어 하는데 "힘드냐? 나도 힘들다"라고 말한다면 위로도 되지 않을뿐더러 반발심을 가질지도 모른다.

이런 상황에서 다시 의욕을 높이도록 하는 힘, 이것이 바로 '회복탄력성'이다. 혼자서 극복할 수도 있겠지만 "너 힘들구나?", "그래 많이 힘들었지?"라며 감정을 읽고 이해해주고 인정해주면 다시 열정을 쏟을 수 있는 에너지가 생겨난다. 특히 구성원들이 믿고 신뢰하는 리더의 위로와 도움이라면 그 시기는 더욱 빨라진다.

얼마 전 한 스포츠 종목의 유명 감독을 만날 기회가 있었다. 이런저런 질문을 하다가 문득 슬럼프에 빠진 선수들을 어떻게 격려해주는지 궁금했다. 그래서 "심리적으로 위축되고 슬럼프에 빠진 선수들에게는 어떻게 해주시나요?"라고 물었다. 스포츠 멘탈 코치로서 선수들이 겪는 스트레스 극복 사례를 듣고 싶어 던진 질문이었다. 그 물음에 감독님은 "스스로 극복해야지요. 그래야 국가대표도 되고 프로선수로서 인정도 받을 수 있어요"라고 무덤덤하게 답하셨다.

순간 '과연 슬럼프를 스스로 극복할 수 있는 선수가 얼마나 될까?' 하는 의구심이 들었다. 물론 그런 선수가 더 뛰어난 존재감을 나타내는 것은 틀림없을 것이다. 그러나 어렵고 힘든 순간에 믿고 존경하는 누군가가 위로와 조언을 해준다면 어떨까? 단언컨대 슬럼프에서 빠져 나오는 시간이 훨씬 짧아지지 않을까? 그리고 그 어려운 순간을 이겨낸 선수는 도전 욕구가 과거에 비할 수 없이 커지지 않을까?

'리더'는 분명 힘든 자리다. 그러나 구성원들에게 회복탄력성을 제공해 도전 욕구를 불러일으키고, 강력한 팀워크를 만들 수 있다면 힘들지만 행복을 느낄 수 있지 않을까?

4 꼰대가 될 것인가,
리더가 될 것인가

고등학교 친구들과 만나 학창 시절에 대해 이야기할 때 빠지지 않는 것이 있다. 선생님에 대한 추억이 그것이다. 그러나 시간이 오래 흐르다 보니 선생님의 과목과 모습만 생각나고, 성함이 생각나지 않을 때가 있다. 그 때 "왜 그 수학 꼰대 있잖아" 하면 모두들 맞장구를 치며 자연스럽게 이야기꽃이 이어진다.

'꼰대' 하면 학창 시절 학생들을 좋은 길로 인도해 주시기 위해 늘 한 손에 길고 단단해 보이는 애장품을 들고 계시던 선생님이 떠오른다. 그 선생님은 이렇게 말씀하셨지.

"내가 너 미워서 그러겠니? 다 너 잘 되라고 이러는 거야. 내 맘 알지? 열심히 해."

회사나 조직생활에서도 이런 꼰대들을 만날 수 있다. 그들은 "내가 너 생각해서 하는 말인데~"라며 나의 성장을 돕는 듯한 일방적인 말들을 던진다. 그들도 부하 직원을 생각해서 말을 하는 것은 분명하다. 구성원들을 진심으로 생각하는 '리더'의 말과 목적도 별반 다르지 않다. 문제는 풀어내는 방식이 극과 극이라는 것이다. 그렇다 보니 '꼰대'의 말이나 조언은 듣기 불편하고, 듣고 싶지 않다.

같은 목적을 지닌 말인데도 왜 이렇게 상반된 반응이 나오는 것일까? '꼰대'와 '리더'의 가장 큰 차이는 대화 내용의 주체가 누구인가에 따라 구별된다. 꼰대는 '나'를 위주로 말하고, 리더는 '상대방'을 위주로 말한다. 인터넷을 보면 다음과 같이 '꼰대의 6하 원칙'이 나온다.

- Who: 내가 누군지 알아?
- What: 뭘 안다고?
- Where: 어딜 감히
- When: 내가 왕년에
- How: 어떻게 감히
- Why: 내가 그걸 왜?

그냥 웃고 넘기기에는 너무나 뼈를 때리는 말들이다. 이 6가지의 공통점을 들자면 모든 것이 '나', 즉 자기 자신을 기준으로 말하고 있다는 것이다.

이 외에도 '꼰대 테스트', '꼰대 자가진단법' 등 꼰대에 대한 많은 가십거리들이 있다. 이것들의 공통점은 자기 사고방식을 타인에게 강요하거나 부정적인 이미지를 갖고 있다는 것이다. 최근 들어서는 '젊은 꼰대'라는 말도 등장하는 것을 보면 나이가 결코 기준은 아닌 모양이다.

선배가 자신의 경험을 토대로 조언해준다면 싫어할 사람은 아마 없을 것이다. 사실 꼰대가 말하는 '라떼'는 경험에서 비롯된 것이다. 세상을 살아가는 데 지식보다 중요한 것이 바로 지혜다. 지혜는 경험이 얼마나 풍부한지에 따라 차이가 날 수 있다. 현실에서 이론적 지식은 경험을 따라갈 수가 없다. 문제는 선배가 직접 경험에 간접 경험과 허풍, 과장까지 더해 어벤져스급의 블러버스터로 변신한다는 것이다. 이 순간 어떤 사람이 집중해서 듣고 싶겠는가. 나는 소중한 경험을 즐겁게 말한다지만 듣는 사람은 괴로울 수 있다.

이런 경우에는 방법을 살짝 바꿔보자. '라떼'를 말하고 싶을 때 주의할 점 5가지를 정리하면 다음과 같다.

첫째, 무엇보다 짧아야 한다. 아무리 좋은 말도 길면 관심이 떨어지게 된다.

둘째, 핵심을 짚어야 한다. 듣는 사람이 원하고, 듣는 사람에게 도움이 되는 핵심을 정확하게 짚어야 한다.

셋째, 듣는 사람이 듣고 싶어 하는지 표정을 보며 확인해야 한다.

넷째, 이전에 말한 것은 아닌지 확인한 후 해야 한다. 칭찬도 반복되면 식상해질 수 있다.

다섯째, 눈높이를 맞춰야 한다. 들어서 도움이 돼야 하는데 이해하기 어렵다면 또 다른 숙제를 낳게 된다.

애로우 일렉트로닉스Arrow Electronics의 CEO를 역임한 스티브 카우프만Steve Kaufmann은 "현명한 판단은 경험으로부터 나온다. 하지만 안타깝게도 경험은 잘못된 판단에서 얻어진다"고 말했다. 이제 기업의 자산은 현금, 빌딩, 기계, 부동산이 아니라 구성원들의 '지식', '열정', '기술', '경험'이라는 것을 깨달아야 한다.

'꼰대'와 '리더'의 또 다른 차이점은 '기다림'에 있다. '꼰대'는 자신이 가르쳐준 것에 대한 효과나 습득 정도를 빨리 보고 싶어

한다. 그 정도가 마음에 들지 않으면 머리를 갸우뚱하거나 만족하지 못한 표정으로 쓸쓸하게 돌아서기 일쑤다.

반면 '리더'는 기다릴 줄 아는 사람이다. 기다린다는 것은 지금의 내가 미래의 나를 만나기 위해 마음의 변화와 실천을 준비하는 시간이다. 이 시간을 설렘으로 만들 것인지, 잠시 참다가 짜증을 낼 것인지에 대한 선택이 '꼰대'와 '리더'의 갈림길이 된다.

맑고 파란 하늘로 인해 눈부신 날, 여자 친구를 만나기 위해 버스를 기다리는 기분을 생각해보라. 로또를 사서 토요일 저녁에 추첨을 기다리는 기분을 생각해보라. 이와 같이 당신은 미래의 나를 만나기 위해 설레는 마음을 갖고 싶지 않은가?

조금만 더 생각할 수 있는 3초의 시간이 '꼰대'와 '리더'로 당신의 신분을 가른다. 본능에 충실해서 자극에 바로 반응할 것인가? 아니면 3초의 기다림으로 구성원에게 신뢰를 얻을 것인가?

우리는 모두 성장하고 싶어 하고, 성장을 꿈꾼다. 그러기 위해서는 설레는 마음으로 미래의 나를 만나기 위해 실천하고 인내하며 잉태하는 시간을 가져야 한다. 미래에 초점을 맞추고 기다릴 줄 아는 사람이야말로 구성원을 진심으로 생각하는 '리더'라고 할 수 있다. 당신은 그런 리더를 꿈꾸는가?

5 소통을 원한다면
리더부터 변화하라

2011년 삼성경제연구소가 '조직 내 소통 활성화를 위한 제언'이란 주제로 연구 보고서를 발표한 적이 있다. 이 보고서는 한국 기업이 안고 있는 소통의 장애 요인으로 상명하복식 위계문화, 자기 이익만 추구하는 개인과 부서의 이기주의, 지나친 단기 성과주의 등을 지적했다.

또한 이 보고서는 조직 내 소통을 성격과 내용에 따라 업무적 소통, 창의적 소통, 정서적 소통 세 가지로 분류했는데, 설문 조사 결과 유형별 평균 점수는 모두 60점 이하로 낙제점을 기록했다. 비록 2011년에 발표된 자료지만 수긍이 가는 요인들이 아닐 수 없다. 필자도 강의 중 직장인들을 대상으로 조사해보았더니 순서의 차이는 조금 있었지만 큰 차이를 보이지는 않았다.

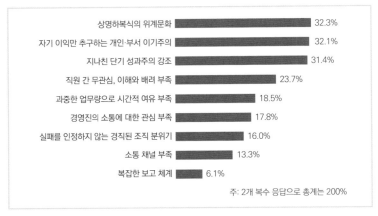

상명하복식의 위계문화	32.3%
자기 이익만 추구하는 개인·부서 이기주의	32.1%
지나친 단기 성과주의 강조	31.4%
직원 간 무관심, 이해와 배려 부족	23.7%
과중한 업무량으로 시간적 여유 부족	18.5%
경영진의 소통에 대한 관심 부족	17.8%
실패를 인정하지 않는 경직된 조직 분위기	16.0%
소통 채널 부족	13.3%
복잡한 보고 체계	6.1%

주: 2개 복수 응답으로 총계는 200%

[그림1] 한국 기업의 소통을 가로막는 벽

　　지금도 소통 관련 연구는 계속되고 있고, 끊임없이 관련 서적
도 출간되고 있다. 그렇다면 우리는 왜 이렇게 소통을 지속적으
로 탐구하는 것일까? 많은 이유가 있을 것이다. 필자가 생각하
는 가장 큰 이유는 마음처럼, 생각처럼, 빨리 눈에 보이는 변화
가 나타나지 않기 때문이 아닌가 싶다.

　　그래서 조직의 소통문화에 도움을 주기 위해 필자가 이 책에
서 제안하는 것이 바로 '동기부여 대화'다. '동기부여 대화'의 가
장 큰 특징으로는 말하는 주체, 즉 리더가 먼저 '동기부여' 되어

야 한다는 것이다. 무엇보다 소통하려는 리더의 '심적 변화'가 있어야 말에 진정성을 담을 수 있기 때문이다.

그렇다면 '동기부여 대화'를 사용하는 리더는 어떤 조건을 갖춰야 할까?

첫째, 상대방이 성장할 수 있다는 믿음을 가진다.

둘째, 답을 주는 것이 아니라 답을 찾아가는 길을 안내한다.

셋째, 부족한 부분만 알아차린다면 상대방이 충분히 역량을 발휘할 것이라는 믿음을 가진다.

넷째, 상대방이 자기 삶의 주인공이라고 생각한다. 그리고 그가 '최고의 인생'을 살아왔다는 생각으로 대화한다.

다섯째, 상대방이 시도하고 실천했던 것을 충분히 지지해준다. 그리고 스스로 피드백을 할 수 있도록 먼저 기회를 제공한 후 부족한 부분을 말한다.

회사에서 상사가 잠깐 얘기 좀 하자고 하면 어떤 기분이 들겠는가? "뭐지?", "왜 그러지?", "내가 뭐 잘못한 게 있나?"와 같이 부정적인 생각이 먼저 들 것이다. 따라서 '동기부여 대화'는 가급적 편안한 장소, 편안한 분위기에서 해야 효과적이다. 그 이유는 내가 중심이 아니라 상대가 중심이 되어야 하기 때문이다. 일방적인 대화는 관계를 단절시킬 수 있다. 소통은 쌍방향이 되어야 이루어질 수 있다. 당신의 마음에 변화가 생겼다면 이제 세부 요인들로 구성원들의 성장을 도와줄 단계가 된 것이다.

'동기부여 대화'의 세부 요인은 뒤에서 자세히 다루겠지만 먼저 간략히 설명하면 다음과 같다.

첫째, 방향을 제시하는 대화다. 이는 불확실성을 줄이고 방향을 제시하는 것으로, 자신의 역할과 업무의 모호함을 최대한 줄임으로써 성과와 만족감을 높이게 된다.

둘째, 심리적 안전감을 주는 대화다. 리더가 자신의 감정을 구성원들과 나누고 싶을 때 사용한다. 리더의 칭찬, 격려, 관심, 지지 등은 구성원들의 자존감에 영향을 미친다.

셋째, 의미를 부여하는 대화다. 이는 구성원들이 잘 적응할 수 있도록 내부의 흐름과 문화, 즉 조직문화와 대인관계 등에 적응하고, 자신의 업무가 얼마나 의미 있는지 알게 해준다.

이 세 가지 요소는 리더가 어떤 미래를 원하는지 구성원들에게 알려주어 열정을 발휘할 수 있도록 심리적 안전감을 제공해

준다. 이 세 가지 종류의 대화를 하나의 통합된 형태로 활용했을 때 동기부여는 최대의 효과를 발휘하게 된다.

앞서 설명한 삼성경제연구소의 연구 결과 중요한 것이 하나 있다. 업무적 소통, 창의적 소통, 정서적 소통 간의 상관관계를 분석한 결과, 정서적 소통이 매우 중요하다는 결과를 얻었다는 것이다. 즉, 정서적 소통이 잘 될수록 창의적 소통과 업무적 소통이 원활하게 이루어졌다는 것이다. 이는 '동기부여 대화'와 일맥상통한다. 일상적으로 구성원들을 격려하고 칭찬하고 배려할 때 '동기부여 대화'는 큰 효과를 발휘할 수 있다.

우리는 말과 행동이 일치하지 않는 리더를 종종 본다. 시인 하상욱의 《튜브, 힘낼지 말지는 내가 결정해》라는 책을 보면 이런 글귀을 볼 수 있다.

나를 바꾸려 하네,
너는 바뀌려 않고.

구성원들을 진심으로 생각하는 리더, 진정한 리더라면 자신부터 마음의 변화를 실천해야 할 것이다.

6 '동기부여 질문법'으로
생각을 확장시키자

학창 시절 질문을 받지 않기 위해 선생님의 눈을 피하려고 애쓴 적이 있을 것이다. 정답을 말할 자신이 없었기 때문이다. 우리는 정답을 맞춰야만 하는 학창 시절을 보냈기에 질문을 받으면 으레 움츠리게 된다. 답을 알고 있는 질문자가 다그친다는 느낌을 받기 때문이다.

그렇다면 우리가 사는 세상에서 정답으로 하나만 인정해주는 것은 얼마나 될까? 사실 다양한 대답은 목표를 향해 가는 여러 가지 방법 중 하나일 뿐이다. 목표 달성을 하는 데 있어 정해진 하나의 답만 있다고 생각한다면 수많은 새로운 답들은 사장될 수밖에 없다. 그러나 우리는 부담 없이 주고받는 대화를 통해 새로운 깨달음과 효율적이고 생산적인 최적의 방법을 찾을 수가 있다.

소통이 원활히 이루어진다는 것은 내가 무엇을 말하는가가 아니라 상대방이 어떤 반응을 보이는가에 달려 있다. 질문을 던 졌는데 반응이 없다면, 이는 혼자 하는 독백에 불과하다. 소통 은 정중앙에 네트를 두고 서로 공을 주거니 받거니 하는 탁구와 같다. 상대방의 공이 넘어오지 않는 것은 내가 상대방에게 받을 수 없는 공을 준 것이다.

질문도 마찬가지다. 정해진 답을 요구할 것이 아니라 다양 한 답을 할 수 있도록 개방적인 질문을 던진다면 목표를 이루기 가 훨씬 수월할 것이다. 질문을 한 사람 입장에서 여러 가지 방 향에서 생각하는 사람이 있다는 것은 자신이 인정을 받고, 그로 인해 의욕이 생겨나는 계기가 된다.

그러나 질문을 하는 것은 의외로 쉽지 않다. 가령, 구성원들 의 성장을 돕고 싶다면 쉽고 익히 아는 질문을 통해 천천히 접 근할 필요가 있다. 질문의 가장 큰 힘은 생각하도록 하는 데 있 다. 생각 속에서 그림을 그려야 현실이 된다. 따라서 리더는 구 성원들이 업무에 몰입해 구체적으로 생각의 그림을 그릴 수 있 도록 질문을 던져야 한다. 그렇게 해서 뚜렷한 이미지로 그려낼 수 있다면 성과를 이루기가 훨씬 쉬워질 것이다.

소크라테스의 대화법은 질문을 통해 스스로 결론을 찾고, 자신의 태도를 자발적으로 변화시키는 방법으로 인해 '문답식 산파술'로도 불린다. 이런 질문을 해야 한다. 상대방의 생각이 막연하고 불확실하다면 뚜렷한 이미지로 그려낼 수가 없다. 이럴 때는 질문을 계속 해야 한다. 그러면 상대방이 생각을 좀 더 명확히 하도록 만들 수 있다.

과거에 필자는 《아빠 10분 대화》에서 '동기부여 질문법'을 다룬 적이 있다. '동기부여 질문법'은 상대방이 직접 참여할 수 있고, 생각 범위를 확장시켜 뚜렷하게 이미지로 그려낼 수 있도록 하는 질문법을 말한다. 이에 대해 간단히 설명하면 다음과 같다.

① Yes : 상대방의 대답에 동의할 때

"그렇죠, 그것이 맞는 방법(생각)입니다. 그럼 잘못된 방법(생각)은 어떤 것들이 있을까요?"- 반대 상황도 생각해보면 왜 옳은지, 잘못된 것인지 더 명확히 판단할 수 있다.

② And : 다양한 생각을 요구할 때

"그렇게 생각하는군요. 그리고 또 어떤 것이 있을까요?"

③ Another : 상대방의 대답에 부족한 부분을 채울 때

"그렇게 생각하는군요. 그러면 또 어떤 것이 필요할까요? 하나로는 부족하지 않을까요?"

④ No : 쓰지 않는 것이 좋다. 대신 'But'을 이용한다.

"아니야", "그렇지 않아" 등은 상대방에게 자신의 생각이나 의견이 틀렸다고 느끼게 할 수 있다. 이럴 때 상대방은 말문을 닫거나 자신감을 잃을 수 있다.

⑤ But : 상대방의 의견이 틀렸거나 잘못됐을 때.

"그렇게 생각할 수도 있겠네요. 하지만 이렇게 생각해보면 어떨까요? 예를 들면~"이라고 관점을 전환해 생각을 유도한다.

대화를 하는 동안 ①~⑤를 다양하게 활용하면 구성원들에게 긍정적이고 깊이 있는 생각을 하도록 유도할 수 있다. 하지만 '동기부여 질문법' 사용 시 주의할 것이 있다. 가령, "김 대리 생각이 틀린 것은 아니에요. 그러나 내 생각을 들어봐요"와 같이 말해서는 안 된다. 그렇게 말하는 순간 '꼰대'가 된다. 리더의 경우, 자기주장을 일방적으로 강요하거나 전달할 가능성이 많기에 각별히 주의가 요구된다. 이 외에도 다음과 같은 것들을 조심해야 한다.

> • 일방적으로 묻기보다는 질문과 응답이 쌍방향으로 오가는 것이 좋다.
> • 부정적인 방법보다는 긍정적인 방법으로 질문한다.
> • 대답을 옳고 그름으로 먼저 판단하면 안 된다. 대답을 하고 있는 것 자체만으로도 인정해줄 필요가 있다.

질문을 통해 대화가 이어지면 구성원들의 생각은 깊어지고 다양해진다. 그리고 이것은 관점의 변화를 불러오게 된다. 생각 범위를 확장하고, 행동의 주체를 내가 아닌 다른 사람으로, 시간을 과거와 미래로, 제약조건을 다르게 가정하고, 시각을 거시적이거나 미시적으로 전환하면 더욱 또렷한 그림을 그리게 된다. 창의력 증진 기법인 '스캠퍼'와 '동기부여 질문법'을 함께 활용하면 생각 범위를 확장시키는 데 훨씬 효과적이다.

02

방향이 명확해야
동기부여가 이루어진다

1. 경험을 토대로 방향을 제시하라
2. 성과로 이끄는 강력한 힘, '동기부여'
3. 리더는 동기부여의 '촉진자'이자 '촉매제'다
4. 무의식적인 말이 잘못된 시그널을 준다
5. 문제 해결은 '누가(who)' 보다 '어떻게(how)'가 먼저다
6. 열정을 되살리는 '가치'를 제안하라

Intro

결코 시간이 멈추어 질 순 없다 yo!

무엇을 망설이나 되는 것은 단지 하나 뿐인데

바로 지금이 그대에게 유일한 순간이며

바로 여기가 단지 그대에게 유일한 장소이다.

환상 속에 그대가 있다

모든 것이 이제 다 무너지고 있어도

환상 속에 아직 그대가 있다.

지금 자신의 모습은 진짜가 아니라고 말한다.

단지 그것뿐인가 그대가 바라는 그것은

아무도 그대에게 관심을 두지 않는다.

하나 둘 셋 lets go!

그대는 새로워야 한다.

아름다운 모습으로 바꾸고

새롭게 도전하자.

그대의 환상 그대는 마음만 대단하다.
그 마음은 위험하다.
자신은 오직 꼭 잘 될 거라고 큰 소리로 말하고 있다.
하지만 지금 그대가 살고 있는 모습은 무엇 일까

환상 속에 그대가 있다.
모든 것이 이제 다 무너지고 있어도
환상 속에 아직 그대가 있다.
지금 자신의 모습은 진짜가 아니라고 말한다.

세상은 yo! 빨리 돌아가고 있다.
시간은 그대를 위해 멈추어 기다리지 않는다.
사람들은 그대의 머리 위로 뛰어 다니고
그대는 방 한구석에 앉아 쉽게 인생을 얘기하려 한다.

환상 속에 그대가 있다.
모든 것이 이제 다 무너지고 있어도

환상 속에 아직 그대가 있다.
지금 자신의 모습은 진짜가 아니라고 말한다.

- 서태지와 아이들의 '환상 속의 그대' 중에서 -

젊었을 때 너무 좋아했고, 춤을 추며 들었던 노래다. 그때는 가사보다 리듬에 더 끌렸기에 어떤 내용을 담고 있는지는 관심사가 아니었다. 그런데 최근 이 곡을 우연히 듣게 되었는데 가사가 매우 심오하게 느껴졌다. 이 곡은 뚜렷한 목표 없이 그저 잘될 거라고, 막연한 긍정과 무모한 자신감만 있는 것을 비판하고 있다.

2장에서는 '방향을 제시하는 대화'에 대해 다룰 것이다. 리더는 자신의 지식과 경험과 상식을 구성원들에게 전달함으로써 보다 선명하고 명확한 목표를 갖게 할 수 있다. 또한 이를 통해 구성원들에게 업무에 대한 몰입과 의욕을 갖게 할 수도 있다.

리더의 다각화된 시각과 다양한 경험은 구성원들이 업무를 수행하며 발생할 수 있는 행정적 문제, 결손 등을 최소화할 수 있다. 또한 조직의 미래를 위한 변화와 명확한 비전을 제시함으로써 회사에 대한 자긍심을 높일 수도 있다.

1 경험을 토대로
방향을 제시하라

    팀장이 어느 날 선배의 업무까지 맡긴다면 당신은 어떤 생각이 들겠는가? 자신이 성장했다는 것도 느끼겠지만 살짝 겁이 나기도 할 것이다. 직장인이라면 누구나 진급과 성장과 발전을 원한다. 그러나 갑작스러운 인사이동이나 누군가의 퇴사로 마음의 준비도 없이 업무를 책임져야 한다면 매우 당황스러울 것이다. 이런 일로 인해 극심한 스트레스를 겪는 사례를 우리는 주변에서 쉽게 찾아볼 수 있다. 직장생활에서 준비 없이 닥치는 일이 어디 이뿐이랴.

    타임머신을 타고 과거나 미래로 갔으면 좋겠다는 상상을 해본 적이 있을 것이다. 어려움에 빠졌을 때 영화처럼 미래의 내가 나를 찾아와 일어날 일들에 대해 말해준다면 얼마나 좋을까 하는 상상도 해본 적이 있을 것이다. 우리 삶은 영화가 아니기에 그런 일이 일어나지 않으리라는 것을 알면서도 말이다. 그럴 때 우리에게 도움이 되는 것이 있다. 바로 직장 선배와 상사다. 그들이 제대로 도와준다면 준비하고 대처하는 역량을 키울 수가 있다.

세계 최대 완구업체인 마텔의 CEO이자 회장인 로버트 에커트Robert Eckert는 "구성원들에게 회사 상황에 대해 이야기를 들려주면 그들은 더 큰 소속감을 갖게 되고, 무엇보다 자신들이 대우받고 있다는 느낌을 받게 된다"며 "조직에 대한 소속감이 높은 구성원들은 업무에 열정을 쏟을 수 있는 동기를 부여받게 된다"고 강조했다. 그리고 "우리 조직이 어떻게 나아가고 있는지, 우리 조직이 나에게 무엇을 바라고 있는지, 우리 조직에게 어떤 미래가 기다리고 있는지에 대해 아무것도 모르고 있다면 구성원들은 회사에 헌신할 수 없고, 헌신하려고도 하지 않을 것이다"라고 말했다.

만약 구성원들에게 새로운 업무를 지시할 때 선배들이 과거 자료를 제공하고, 어떤 과정을 거쳐 어떤 결과를 얻었는지, 어떤 시행착오가 생길 수 있는지 조언해준다면 어떨까? 업무를 대하는 마음가짐이 달라질 것이다. 실제로 선배와 상사들은 과거 경험을 통해 어떤 일이 언제쯤 발생할지 어느 정도 예측할 역량을 가지고 있다.

다음은 기관장의 의중을 알려준 팀장님의 조언으로 단번에 기획서가 통과된 사례다.

한 공기업에서 A팀장이 기관장과 동행해 해외 출장을 가게 되었다. A팀장이 업무 진행 상황이 궁금해 B대리와 통화하던 중, 기관장에게 보고할 중요한 기획서를 어떻게 만들어야 할지 도무지 방향을 잡지 못하겠다는 얘기를 듣게 되었다. 해외 출장이 빠듯한 일정이었지만 A팀장은 기관장과 많은 시간을 보내며 다양한 대화를 나누었다. 그러던 중 B대리와 기획서에 대해 대화한 기억이 떠올랐다. A팀장은 B대리에게 기관장의 사업 방향과 어떤 부분에 초점을 맞추고 있는지 구체적인 정보를 알려주었고, B대리는 A팀장의 말에 따라 기획서를 철저히 준비했다. 그 결과, 결정권자인 기관장이 생각한 사업 방향에 적합한 자료와 함께 비교 대상이 되는 사업 자료를 수집해서 만든 기획서를 올려 단번에 통과되었다고 한다.

회사는 구성원들에게 익숙한 업무만을 맡기지는 않는다. 경험해 보지 못한 업무, 앞으로 생겨날 수도 있는 업무는 누구에게든 닥칠 수 있는 일이다. 진정한 리더라면 이런 어려움을 겪는 구성원들에게 자신이나 과거 담당자들이 아낌없이 조언해줄 수 있는 시스템을 마련해야 한다. 그러면 새로운 임무를 맡은 구성원들이 눈앞의 뿌연 안개가 사라지는 경험을 할 것이고, 큰 시행착오를 거치지 않아 의욕에 불타오르게 될 것이다.

2 성과로 이끄는 강력한 힘,
'동기부여'

삼성이 2021년 11월 인사제도 개편을 발표했다. 정리하면 크게 3가지, 즉 '연공서열 타파', '성과관리제도 전면 도입', '상호협력과 소통문화 조성'으로 요약할 수 있다. 삼성은 이와 함께 인재 양성을 위해 다양한 기회를 마련하겠다는 말도 덧붙였다. 열정과 노력으로 누구나 기회를 얻을 수 있음을 천명한 것이다.

직장인이라면 승진과 성장에 많은 관심을 가질 것이다. 이를 위해 반드시 거치는 것이 바로 '평가'다. 그러나 평가는 그리 유쾌한 일이 아니다. 누가 대신해줄 수 있는 일도 아니다. 결국 높은 평가를 받으려면 스스로 준비하고, 적응하고, 능동적으로 대응하는 수밖에 없다.

'평가'란 사후 개념으로, 자신의 업무 성과와 대인관계 등 조직생활의 행동에 대한 타인의 피드백을 말한다. 평가받는 사람들 대부분은 '내가 좋은 평가를 받고 있는지 나쁜 평가를 받고 있는지'부터 먼저 떠올린다. 그러나 그보다는 평가가 나오기까지 어떤 조건과 경로를 거치는지, '평가 항목'과 '평가 내용'은 무엇인지로 생각의 방향을 바꿔야 한다. 평가자에 대한 정보는 그 이후에 파악해도 늦지 않다.

평가 시즌이 되면 직장인들은 모두 예민해진다. 조직에는 승진에 누락되었던 사람, 승진이 뒤처진 사람, 승진 욕구가 강한 사람 등 다양한 유형이 존재한다. 이들에게 높은 평가를 받을 수 있는 방법을 알려줄 사람이 아주 가까이에 있다. 풍부한 경험과 구체적인 정보를 파악하고 있는 상사와 선배들이 그들이다. 이때 구성원에게 필요한 것은 미래의 '나'와 현재의 '나' 사이에 갭Gap을 줄이도록 해주는 상사와 선배의 조언이다.

상사의 조언으로 이러한 갭Gap을 줄여 성장한 사례들을 보자. 우선 첫 번째 사례다.

한 공기업 본사에서 홍보 업무만 하다가 지역본부로 처음 발령받은 A대리는 무엇을 어떻게 해야 할지 고민되었다. 이때 A대리는 평소 자신을 아끼던 상사로부터 다음과 같이 중요한 정보를 전해 들었다. "홍보 업무만 해왔기에 지역본부 사람들은 자네가 당연히 사무 업무를 원할 거라고 생각할 거야. 자네는 사교성도 좋고 활달하니까 그 점을 잘 활용해 현장 업무를 해보면 좋을 거라고 생각해. 그리고 그들의 고정관념을 깨면 평가도 잘 받을 수 있을 거야. 특히 현장 경험은 자네가 앞으로 본사로 복귀하든 다른 업무를 하든 큰 도움이 될 거야."

상사의 조언을 듣고 난 후 A대리가 지역본부의 업무 분장 회의에서 "현장 업무를 지원하고 싶습니다"라고 했더니 예상대로 사람들이 의아한 표정을 지었다고 한다. 그렇게 업무를 시작한 후 A대리는 현장 업무를 하는 중에도 동료들에게 사무 업무를 틈틈이 알려주고 조언해주었다. 활달한 성격 덕에 동료들과 즐겁게 일을 했기에 현장 업무에서도 높은 평가를 받았음은 물론이다. 그 덕분에 A대리는 다른 사람들보다 본사 복귀가 빨랐고, 그때의 현장 경험이 다른 업무에 큰 도움이 되었다고 한다.

두 번째 사례는 입사동기지만 승진에 누락되었던 동료에게 조언을 해주었던 사례다.

금융회사의 기업고객 담당 부서에 같이 입사한 B와 D. 그들은 입사동기였다. 그러나 B가 먼저 승진하면서 팀장을 맡았고, D는 같은 부서에서 대리로 근무하고 있었다. D는 업무 능력이 뛰어났지만 성격이 급하고, 말을 직설적으로 해서 소통에 문제가 있었다. 그로 인해 뛰어난 업무 능력에 비해 평가가 낮아서 늘 불만이었다.

B팀장이 D대리에게 점심 식사 후 단둘이서 커피 한 잔 하자는 제안을 했다. 커피숍의 조용하고 편한 곳에서 일상적인 대화가 시작되었다. 잠시 후 B팀장은 자신이 따로 부른 이유를 말하며 본론으로 들어갔다.

"너는 업무 처리 속도도 빠르고, 상황 판단도 아주 뛰어나. 오전에 고객사의 클레임을 처리하고, 후배에게 업무를 지시한 후 부족한 부분을 점검하는 것을 보았어. 나라면 오후나 돼서야 겨우 끝냈을 텐데, 너니까 오전 중 다 했지 않나 싶어."

D대리도 이런 칭찬이 싫지 않은 표정이었다. B팀장은 조언을 해도 되겠느냐고 물었고, D대리의 괜찮다는 대답에 말을 이어갔다.

"나는 업무 능력이 뛰어난 사람이 우리 팀 리더가 되어야 한다고 생각해. 하지만 다른 사람들이 모두 너처럼 업무 처리가 빠르거나 명쾌하게 답을 내릴 수 있는 건 아냐. 조금 천천히 다른 사람들을 지켜봐 주는 것도 방법이 될 수 있어. 나는 구성원들을 아우르는 것도 리더의 중요한 덕목이라고 생각해. 내가 지원하고 응원할 테니, 그 부분을 좀 더 신경 써보는 건 어때? 곧 연말이면 승진 심사가 시작되는데, 이번에는 '포용력'에 대한 배점이 많다고 들었어. 지금의 업무 능력에 포용력까지 갖춘다면 금상첨화가 아닐까?"

그 말에 D대리는 자신이 부족했던 구성원들과의 관계에 관심을 가지기 시작했고, 점차 자연스럽게 바뀌었다고 한다. 그리고 그 해는 아니었지만 그다음 해에 팀장으로 승진을 했다고 한다.

세 번째는 구성원들이 업무 역량을 향상시킬 수 있도록 '인사평가 시스템'을 구축한 사례다.

글로벌 기업의 한국 지사인 C사는 인사고과에 들어가는 업적 테마와 프로세스 평가 점수를 구성원들과 함께 레벨을 정하고, 평가 기준도 정하는 시스템을 갖춘 곳이다. 따라서 상사가 중간 면담, 최종 면담을 통해 진행 상황을 확인하는 과정이 발생한다. 그때마다 항목에 맞는 구체적인 조언과 평가 시스템이 마련되어 있기 때문에, 아주 투명한 인사평가와 업무 역량 향상 정도를 점검할 수 있다는 장점을 갖고 있다. 예를 들어 태도에 대한 평가에서 구성원에게 필요하거나 부족한 부분이 정해지면 상사와 구성원이 기대하는 레벨을 정하고, 해당 기간 동안 이를 의식하고 성장하도록 하는 진행 과정을 갖추고 있다.

조직에서 리더는 크게 두 가지 업무를 맡는다. 하나는 눈에 보이는 물질적인 결과물에 관한 업무고, 다른 하나는 구성원들이 자신의 업무에 집중할 수 있도록 눈에 보이지 않게 '동기부여'를 하는 업무다.

구성원들의 성장을 진심으로 응원한다면 업무 방향과 방법, 그리고 그것이 왜 필요한지 알려주어야 한다. 그것을 이해하는 순간, 구성원들은 스스로 생각하고 업무에 진심으로 임하게 된다.

3 리더는 동기부여의
'촉진자'이자 '촉매제'다

- 늘 하던 익숙한 업무를 하다가 새롭고 중요한 업무가 주어
  지면…….
- 예상치 못한 부서로 이동해 새로운 업무를 맡게 되면…….
- 갓 진급해 좀 더 깊이 있고, 타인과의 협업이 중요한 업무
  를 하게 되면…….

이런 사례 외에도 직장에서 새롭고 난해한 업무가 주어지는 일은 비일비재하다. 물론 능히 해낼 만큼 역량 있는 구성원에게 상사들이 업무를 맡기겠지만 익숙함에서 벗어나는 것은 불안감을 줄 수 있다. 그래도 조금 연차가 있고, 같은 부서 내에서 조언을 구할 사람이 있다면 다행이지만, 그렇지 않을 경우에는 소

위 멘붕이 올 수 있다. 이럴 때 선배나 동료들이 따뜻한 시선으로 조언을 해준다면 얼마나 좋을까?

하버드 경영대학원의 테레사 애머빌Teresa M. Amabile 교수와 연구자 스티븐 크레이머Steven J. Kramer가 《Harvard Business Review》에 기고한 글을 보면 아주 흥미로운 내용이 등장한다. 연구자들이 지식 노동자들에게 매일 이메일로 받은 12,000개의 일기 항목을 면밀히 분석해서 '무엇이 구성원들에게 일에 대한 열정을 갖게 하는가'에 대해 조사한 결과, 근로자들이 자신의 업무에 대해 진전이 있다는 느낌을 받은 날이나 장애물을 극복하는 데 도움이 되는 지원을 받았을 때 가장 긍정적인 감정을 느끼고, 성공하고자 하는 의욕이 최고조에 이른다고 답했다. 즉, 자신의 역량이 좋아지고 있다고 느낄 때 성공하려는 의욕도 높아진다고 말한 것이다.

그리고 자신의 역량이 좋아지고 있다는 느낌으로 인해 긍정적인 감정을 느낀 날을 응답자 중 76%가 '최고의 날'로 꼽았다. '자신의 업무에 대해 한 단계 성장한 날'이 그들에게는 '최고의 날'이었던 것이다.

이처럼 '동기부여'의 열쇠는 리더의 영향력 안에 있다. 리더는 구성원이 업무에 빠르게 적응하고, 발생한 문제에 대해 어떤 접근 방법과 처리 방법이 가장 적절한지를 알려주는 촉매제 역할을 한다. 또한 구성원들을 그들과 관련이 없는 요구로부터 보호함으로써 업무에 집중할 수 있게 한다.

그럼 그들에게 어떻게 조언을 하면 좋을까?

첫째, 조언을 해도 괜찮은지, 시간은 언제가 좋은지 등을 물어봐야 한다. 아무리 좋은 조언도 시간에 쫓기거나 듣고 싶은 감정 상태가 아니라면 공허한 울림밖에 되지 않기 때문이다.

둘째, 당장 해야 하는 업무에 관해 대략적으로 알려준 후 업무의 전체 프로세스를 설명하는 것이 좋다. 즉, 전체 그림이 어떤 형태와 구성으로 되어 있는지 이해시켜야 세부적인 업무가 어떤 과정으로 이루어지는지 이해하기 쉽기 때문이다.

셋째, 말로 하는 것보다 잘 정리된 문서를 활용하면 이해가 쉽고, 추후에 생각이 나지 않을 때 유용하다.

넷째, 가장 핵심이 되는 것인데, '질문'을 하라는 것이다. 일방적으로 알려주면서 "이해하지?", "알겠어?"라고 물으면 그 순간은 이해될지 모르지만 조금 지나면 헷갈릴 수 있다. 따라서 생각하며 배운 것을 다시 연상할 수 있도록 '구체적이고 본질적인 질문'을 통해 정말로 이해하고 있는지 확인해야 한다.

질문을 할 때는 알려준 것을 복기할 수 있도록 해야 한다. 예를 들어 "이 업무에서 가장 먼저 준비할 것이 무엇이었죠?", "업무가 마무리될 때나 최종 점검할 때 중점 사항은 어떤 것입니까?", "어느 부서와 업무 협조가 이루어집니까?" 등과 같이 이미 가르쳐준 업무 프로세스를 처음부터 하나씩 질문을 통해 이해하고 있는지 점검해야 한다. 이때 편안한 분위기를 유지하는 것은 기본이다.

자신의 업무에 대해 느낀 감정이 긍정적일 때보다 오히려 부정적일 때 감정과 인식, 동기부여에 더 큰 영향을 미친다. '최악의 날'에 가장 두드러진 것은 좌절로 이어지게 된다. 따라서 리더라면 구성원들의 노력이 제대로 발휘될 수 있도록 세심하게 배려해야 한다. 사소한 결함은 학습 기회와 도움 문화를 정착시키는 좋은 계기가 될 수 있다. 이때 리더의 영향력은 구성원들의 빠른 성장과 적응을 불러와 '최고의 날'을 만든다. 이날 리더는 조직과 문화의 '촉진자'이자 '촉매제'가 된다.

4 무의식적인 말이
잘못된 시그널을 준다

'나폴레옹'하면 많은 사람들이 흰 말 위에서 오른손으로 산을 가리키는 그림을 떠올릴 것이다. 그 그림이 바로 자크 우리 다비드가 그린 '알프스를 넘는 나폴레옹'이라는 작품이다.

이 그림을 보면 학교 다닐 때 유행했던 유머가 떠오른다.

나폴레옹이 러시아를 정복하기 위해 출정했다. 온갖 추위와 눈보라를 이긴 수많은 군인들을 이끌고 산 정상에 오른 나폴레옹이 주변을 둘러보며 이렇게 말한다.

"어라, 이 산이 아닌가벼. 옆산인가벼."

그 산을 내려와 다시 온갖 추위와 눈보라를 헤치고 나폴레옹의 군대는 옆 산 정상에 오른다. 그러자 나폴레옹이 다시 고개를 갸우뚱거리며 말한다.

"어라, 아까 그 산인가벼."

한때 시중에 떠돌아 회자되었던 너무나도 허무한 유머지만, 많은 이들에게 큰 웃음을 주었던 것으로 기억한다.

말하는 사람에 따라 신뢰 정도는 달라지게 마련이다. 그리스 철학자 아리스토텔레스는 《수사학》에서 설득의 수단으로 에토스Ethos, 파토스Pathos, 로고스Logos 세 가지를 언급했다. 여기서 에토스는 말하는 사람의 인품을, 파토스는 청중의 심리적 경향·정서·요구를, 로고스는 메시지의 논거를 뜻한다. 말하는 이의 인품과 전문성, 즉 권위 있는 사람의 메시지도 설득의 중요한 요소 중 하나인 것이다.

미국 보건성의 보고에 의하면, 투약 과정에서 매일 평균 12%의 실수가 발견된다고 한다. 실수의 원인은 다양했는데, 미국 템플대학교 교수인 닐 데이비스Neil M. Davis와 마이클 코헨Michael R. Cohen의 저서 《사고의 원인과 대응Medicine Errors: Causes and Prevention》에 따르면, 투약 사고의 가장 큰 원인은 병원 근무자들이 환자 주치의의 지시에 너무나도 맹목적으로 복종한다는 데 있었다. 그들은 수많은 투약 사고에서 발견된 공통점으로 환자, 인턴,

레지던트, 간호사, 약사들이 담당 주치의의 처방전을 의심하지 않고 받아들이기 때문이라고 주장했다. 다음은 그 사례 중 하나다.

귀에 염증이 있는 환자의 주치의가 환자 오른쪽 귀에 투약을 지시한 일이 있었다. 의사는 처방전에 "Place in Right ear(오른쪽 귀에 투약하시오)"라고 쓰는 대신 간략하게 "Place in R ear"라고 적었다. 그 처방전을 받은 담당 간호사는 "Place in Rear(뒤에, 즉 항문에 투약하시오)"로 읽었고, 그것을 그대로 실행했다.

귀에 염증을 앓고 있는 환자에 대한 처방으로 항문에 약을 넣는 것이 이해되지 않았지만, 환자와 간호사 어느 누구도 이 처방전에 이의를 달지 않았다.

만약 조직에서 리더가 구성원들에게 잘못된 지시를 한다면 어떤 일이 생길까? 여기 한 리더가 자신의 생각을 무심코 말한 후 구성원들이 어떻게 행동했는지 소개한다.

경영지원과 기업교육을 전문으로 하는 A컨설팅의 최 대표가 월요일 오전 9시 주간 회의를 열었다. 지난 주 회의 결과 및 업무 진행 상황과 금주에 고객사별 업무지원 사항 등을 점검하고, 계획하는 회의를 대표 주제로 진행한 것이다.

그는 고객사 점검 과정에서 "H기업은 매출이나 규모가 크지 않으니 ……"라고 혼잣말처럼 되뇌었다. 나중에 알았지만 그는 자주 이런 말을 했다고 한다. 매주 회의를 할 때마다 H기업 담당자에게 문제 제기가 잦아지고 있었다. 최 대표는 그 원인을 파악하기 위해 담당 팀에 면담을 요청했다. 면담 중 한 구성원으로부터 "대표님께서 회의 중 H기업은 그리 중요한 기업이 아니라고 말씀하셔서 소홀해진 것 같다"는 얘기를 들었다. 최 대표는 머리를 세게 얻어맞은 기분이 들었다.

최 대표는 즉시 전체 회의를 소집해 구성원들에게 자신의 말이 잘못되었음을 인정하고, 고객사 하나하나가 얼마나 소중한지 강조하였다.

리더의 무심코 뱉은 말이 구성원들의 업무에 잘못된 방향성을 제시한 사례라 하겠다. 대표 입장에서 회사의 성장에 큰 영향을 미치는 것은 높은 매출을 올려주는 고객일 것이다. 그러나 매출이 높은 고객사만을 위해 업무에 집중하는 기업은 없다. 지금 작은 기업이라고 해서 미래에 큰 기업이 되지 말란 법도 없고, 크던 작던 고객들은 나름대로 일정한 기여도가 있다. 지금처럼 불확실성이 높은 시대에 높은 매출을 올리는 기업이 항상 그러리라는 보장도 없다.

이런 경우 리더는 장기적 관점에서는 거시적이고 긍정적인 비전을 제시하고, 단기적 관점에서는 미시적이고 구체적이며 꼼꼼하게 방법론을 제시해 원하는 성과를 달성하도록 명확한 신호를 주어야 한다. 이 두 가지 모두가 리더의 필수 덕목이기 때문이다.

미국의 심리학자 스탠리 밀그램Stanley Milgram은 "사람은 권위를 갖춘 자가 명령한다면 사람을 죽일 수도 있을 정도"라고 말했다. 그의 말처럼 '권위'는 상상 이상의 힘을 가지고 있다. 그 책임도 막중하다. 따라서 리더의 메시지는 신중하고 또 신중해야 한다.

5 문제 해결은 '누가(who)' 보다 '어떻게(how)'가 먼저다

    회사 업무 중 일회성 업무가 있을까? 도약을 위한 비전 제시, 미래 먹거리 개발, 성장을 위한 인재 발굴 등 중장기 계획부터 올해 성장 목표, 분기 달성 목표, 주간 업무 보고 등 모두 '연속성'을 빼놓고 말할 수는 없다.

    직장을 다녀본 사람들이라면 "시키는 일이나 잘 해", "내가 지시한 것만 잘 하면 돼"처럼 지시에 순응하고, 무조건 따르라는 식의 말을 들어봤을 것이다. 그런데 회사가 어떤 방향으로 가는지 알아야 생각하면서 업무를 하지 않겠는가. 지금 이 일은 왜 하는지, 어떻게 해야 목표를 달성할 수 있는지 알아야 제대로 하지 않겠는가. 회사는 직급에 따라 얻는 정보나 상황을 보는 시야가 다르다. 눈앞에 어떤 일이 닥칠지 모르는 것보다 답답한 일은 없다.

다음은 한 은행에서 있었던 일이다.

한 직원이 고개를 갸우뚱거리며 팀장에게 질문했다.

"팀장님, A상품의 원가 자료를 보는데 의문이 하나 들었습니다."

"뭔데요? 자세히 말해볼래요?"

"네, A상품은 매출이 전체 상품의 15% 정도고, 시장성도 나쁘지 않습니다. 그런데 원가 경쟁력이 계속 하락하면서 이익이 지속적으로 줄고 있는 상황입니다. 이 상품을 계속 판매하는 이유가 있나요?"

"음, 그렇게 생각할 수도 있겠네요. 원가 경쟁력은 ○○○으로 인해 낮아진 상황입니다. 그럼에도 그 상품을 포기하지 못하는 이유는 □□□때문이랍니다. 우리 회사 이미지와도 연결되는 부분이죠."

이처럼 사람은 아는 만큼 보이고, 보이는 만큼 성장한다. 이렇게 묻는 직원에게 상황 설명 대신 "시키는 일이나 잘 해. 그런 것까지 신경 쓰지 말고"라고 한다면 어떻게 될까? 자신의 업무에 자긍심을 느끼고 집중할 수 있겠는가?

국내에 있는 한 연구소에서는 낮은 연차 연구원의 업무 역량을 높이기 위해 이중전략을 구사한다고 한다. 다음은 그 연구소의 사례다.

F연구소는 2년차 정도의 직원에게 다양한 실험과 데이터 분석 업무를 맡긴다고 한다. 그들은 선배들이 했던 방법을 어느 정도는 알지만 처음부터 마무리까지 책임지는 것은 처음이라 업무 지시를 받는 순간 중압감을 받는다고 한다. 마음을 다잡으면 늦게까지 남아 예전의 사례와 방법을 찾아 실행하고 실패도 하며 업무에 열정을 쏟는다고 한다. 자신이 마무리까지 책임지기 때문에 쉼 없이 노력하고 하나씩 체득해 나가는 과정을 겪게 되는 것이다.

이와 동시에 선배들 중 한 명은 2년차 직원 모르게 같은 업무를 진행한다고 한다. 선배는 익숙한 업무이기에 그리 오래 걸리지 않지만, 혹시 모를 문제에 대비하기 위해서다. 2년차 직원은 업무를 마무리하면서 자신의 노력과 열정으로 마무리했다는 자부심이 생기는 것은 물론, 직접 경험을 통해 몸소 체득한 과정은 무엇과도 바꿀 수 없는 소중한 자산이 된다.

이 연구소는 연구원들의 역량을 향상시키기 위해 이런 이중전략을 간간이 진행하고 있다고 한다.

다음과 같이 현장에서 문제가 발생했을 때에도 리더의 말과 행동은 대처 방법에 차이를 가져온다. 우선 부정적인 사례부터 들여다보자.

한 부품제조 업체에서 있었던 일이다. 수량과 품질 검사까지 마치고 제품을 납품했는데, 거래처에서 반품이 되어 들어왔다. 그 제품은 과거에도 만든 적이 있던 것이었다. 문제는 익숙한 제품이라서 조금 변형된 작업 지시서를 제대로 체크하지 않고 이전처럼 만들어서 발생한 것이었다. 총괄 책임자의 불호령이 떨어지고 작업 라인 전체 분위기가 살벌하게 변한 것은 당연했다.
"누구야, 누가 했어? 정신 똑바로 안 차려?"
"누가 작업했는지 찾아? 어떤 정신 나간 XX야."
이 말이 작업장에 쩌렁쩌렁 울렸다.

직장생활을 해본 사람이라면 이런 광경이 눈앞에 선할 것이다. 이런 경우 가장 먼저 해야 할 일은 무엇일까? 문제 해결이 최우선시 되어야 한다. 누가, 무엇 때문에 이런 일이 발생했는지 파악하는 것은 그 후에 해도 늦지 않다. 제품을 다시 만들어 납품해야 할 작업자들끼리 서로 눈치를 본다면, 팀워크는 무너질 수밖에 없다. 반품은 이미 엎질러진 물과 같다. 사고에 대해 탓하기보다 문제를 어떻게 최소화할지를 먼저 생각해야 한다. 현명한 리더라면 중간 관리자들을 긴급 소집해 생산라인의 현 상황과 제품을 다시 생산하기 위한 원자재의 재고 현황을 파악할 것이다.

다음은 앞의 사례와 상반되는 실제 사례다. 무슨 차이점이 있는지 확인해보기 바란다.

어느 겨울, 평소 존경하던 운수업체 대표님을 만나 점심을 함께 하고 있을 때였다. 탁자 위에 놓인 전화가 급히 울렸다. 버스가 운행 중 눈길에 미끄러져 사고가 났다는 것이었다. 순간 그 대표님의 첫 번째 반응이 놀라웠다.

"다친 승객은? 우리 기사는 어때?"라고 물으셨다. 그리고 난 후 배차 간격을 조정할 것인지, 아니면 급히 다른 차를 투입할 것인지 실무자와 의견을 조율하기 시작했다. 통화가 끝난 후 필자가 조심스럽게 물었다.

"대표님, 사고 소식이 들리면 보통 누가 사고 냈냐고 묻는데, 그러지 않으시네요?"

그 질문에 대표님의 대답은 단순하고 명쾌했다.

"사고는 이미 벌어진 일이잖아요. 그걸 바꿀 수는 없어요. 중요성과 시급성을 판단해서 처리하는 것이 필요해요. 일단 승객과 기사의 안전이 제일 중요한 일이잖아요."

이 회사는 항상 이직률이 동종업계 평균 이하다. 왜 그런지, 왜 사무실 사람들과 기사들이 항상 밝게 인사하고, 표정이 좋은지 이해되는 순간이었다.

중요하고 급작스런 사고나 문제가 발생했을 때는 신속하고, 정확하게 처리하는 것이 무엇보다 우선시 되어야 한다. 무엇이 중요하고, 무엇에 초점을 맞추며, 통제 가능한 것은 무엇이고, 통제 범위를 벗어난 것은 무엇인지 등에 대한 리더의 생각과 판단에 따라 문제 해결의 방향성과 결과는 달라진다. 뿐만 아니라 문제를 처리하는 구성원들의 행동에도 큰 영향을 미친다. 리더라면 누가who 문제를 일으켰는지 보다 어떻게how 처리해야 손실을 최소화할 수 있을지 생각해야 한다.

6 열정을 되살리는
'가치'를 제안하라

기업은 성장을 목표로 한다. 누구나 알겠지만 그 욕구가 얼마나 절실한가에 따라 성과에는 차이가 발생하게 된다. 2020년 시작과 함께 전 세계는 코로나19로 인한 팬데믹에 빠졌다. 그누구도 전혀 예상치 못한 일이었다. 모든 기업들은 이 상황이어떻게 전개될지에 촉각을 세우고, 새로운 전략을 세우기에 바빴다.

업종별 차이는 있었지만 예상보다 큰 충격을 받은 기업도 있었고, 오히려 성장한 기업도 있었다. 이런 극단적 상황을 제외하면 대개 초반에는 멘붕 상태였다가 실험 단계를 거쳐 적응 단계로 접어들었다. 여기서 주목할 점이 있다. 절박함을 느끼던 초기 단계와 적응 단계 간에 전략과 실천 의지가 달랐다는 것이다. 이러한 현상을 심리학자들은 '가치 상승'과 '가치 감소'로 설명한다. 빨리 대책을 세우지 않으면 큰 위험에 빠질 것이라는 초기 단계의 절박함이 전략과 실천 의지를 향상시킨다면, 어느 정도 예측이 가능해지고 적응하게 되면 그 절박함이 떨어진다는 것이다.

다음 사례를 한 번 보자.

IT 기업에 근무하던 A팀장이 그 능력을 높이 산 경쟁사 고위 임원의 권유로 이직을 하게 되었다. 미국 시장을 개척하기 위한 프로젝트의 핵심 인재로 선발한 것이다. 회사 입장에서는 국내의 치열한 시장 상황에서 해외로 눈을 돌리는 매우 중요한 프로젝트였다.

A팀장은 수개월 동안 미국 출장을 떠나 현지 시장 분석과 법인 설립 등을 주도했다. 회사의 미래 먹거리를 책임지고 있다는 책임감으로 많은 노력을 기울인 결과, A팀장은 새로운 고객사와 큰 계약을 체결하는 성과를 거두게 되었다. 그동안의 노력에 대한 보상과 성취의 기쁨을 누리게 된 것이다.

본사의 지원이 처음과 다르다는 느낌을 받은 것은 그 즈음이었다. 새로운 고객사 개발과 다른 비즈니스에 대한 영업활동이 조금씩 위축

되는 듯한 느낌을 받게 되었다. 지원도 예전과 달라졌고, 어렵게 체결된 계약에 대한 반응도 생각보다 냉랭하게 느껴졌다. 급기야 고객사에서 더 이상 오더가 들어오지 않는 상황이 되자 A팀장의 의욕은 바닥에 떨어지고 말았다.

'본사 경영진의 반응이 왜 처음과 다르지?'

'미국 시장이 점점 열리는데, 투자를 줄이면 어떻게 하라는 거지?'

이런 생각으로 A팀장은 열정이 점점 식어갔다. 그와 동시에 프로젝트의 가치도 하락하고 있다는 것을 알게 되었다. 본사가 있는 국내의 시장 상황이 달라졌음을 알게 된 것이다.

물론 다양한 요소들로 인해 경영진의 생각은 바뀔 수 있다. 위의 사례에서는 국내 시장의 실적 호전으로 미국 시장에 대한 절박함이 줄어들었다고 볼 수 있다. 이런 상황에서 A팀장은 어떤 선택을 해야 할까? 또한 A팀장에게 이직을 제안했던 고위임원은 어떤 역할을 해야 할까?

지금 A팀장이 직면한 문제는 입사 초기 느꼈던 업무에 대한 가치가 경영진의 생각 변화로 하락했다는 것이다. 누군가가 새로운 목표와 방법을 제시하지 못할 경우 회사와 A팀장은 좋지못한 결과에 이를 수 있다. 특히 A팀장에게는 새로운 가치와 목표와 달성 방법을 제시해야 한다. 이것이 그에게는 '가치 상승'의 요소이기 때문이다. 이를 제시할 적임자는 그가 이직해서 프로젝트를 맡도록 한 고위 임원이다. 누구보다 신뢰에 기반한 관계이기 때문이다.

이때 고위 임원이 가치 제시 전에 해야 할 일이 있다. 먼저 A팀장과 회사의 현 상황을 공유해야 한다. 국내 환경, 회사의 경쟁력, 재무 상태 등 객관적인 자료를 바탕으로 사실 관계를 체크하고 공유해야 오해가 사라진다. 그 다음에 '회사의 중장기 비전'에 대한 경영진의 생각과 그것을 달성하기 위해 A팀장의 역량이 어떻게 발휘되어야 할지 의견을 나눠야 한다.

일방적인 조언만으로 A팀장의 마음을 움직이기는 쉽지 않다. 이럴 때 활용할 수 있는 방법이 '왜Why'라는 질문이다. 이를 통해 A팀장의 생각을 깊고 넓게 확장시켜야 한다. '어떻게How'는 업무 수행과 능력 발휘에 대한 구체적 행동 방법에 대한 물음이다. 반면 '왜Why'는 원인에 대한 물음으로, 회사의 비전이 자신과 어떤 관계를 가지는지 '가치'를 생각하게 한다. 그에 대해 답을 하다 보면 목표가 명확해지고, '어떻게How' 행동할지 더욱 명료해진다. 이를 통해 고위 임원은 A팀장과 생각을 나누면서

현 상황을 이해시키고, 미래의 새로운 가치와 목표를 제시해야
한다.

　리더라면 구성원들의 생각을 바꾸는 데 시간과 노력을 기꺼
이 투자해야 한다. 물론 생각보다 시간이 걸릴 수도 있고, 생각
보다 진행이 더딜 수도 있다. 그러나 그런 노력으로 구성원들의
생각이 바뀌면 떨어진 의욕을 되살려 미래에 기업의 새로운 가
치를 창출할 수 있을 것이다.

I

03

행복감이
동기부여를 만든다

1. 기다리고 믿는 만큼 성장 동력이 된다
2. 직무 만족의 부재를 찾아서 해결하라
3. 행복감은 자발적 동기부여로 이어진다
4. 관심과 호기심에서 격려의 말은 시작된다
5. 제대로 된 칭찬으로 시그널을 주어라
6. 참된 나를 찾도록 힘을 실어주자

Intro

내가 가는 길이 험하고 멀지라도

그대 함께 간다면 좋겠네

우리 가는 길에 아침 햇살 비치면

행복하다고 말해주겠네

이리저리 둘러봐도 제일 좋은 건

그대와 함께 있는 것

그대 내게 행복을 주는 사람

내가 가는 길이 험하고 멀지라도

그대 내게 행복을 주는 사람

그대 내게 행복을 주는 사람

내가 가는 길이 험하고 멀지라도

그대 내게 행복을 주는 사람

때론 지루하고 외로운 길이라도

그대 함께 간다면 좋겠네

때론 즐거움에 웃음짓는 나날이어서

행복하다고 말해주겠네

이리저리 둘러봐도 제일 좋은 건

그대와 함께 있는 것

그대 내게 행복을 주는 사람

내가 가는 길이 험하고 멀지라도

그대 내게 행복을 주는 사람

그대 내게 행복을 주는 사람

내가 가는 길이 험하고 멀지라도

그대 내게 행복을 주는 사람

그대 내게 행복을 주는 사람

내가 가는 길이 험하고 멀지라도

그대 내게 행복을 주는 사람

- 해바라기의 '그대 내게 행복을 주는 사람' 중에서 -

대학 때 친구들과 기타를 치며 즐겨 불렀던 노래다. 기타 코드가 어렵지 않아 편하게 부르며 친구들과 행복한 시간을 보냈던 기억이 있다. 가사를 음미하다 보니 그때의 행복감을 다시 느끼게 된다.

업무 경험과 경력, 전문 분야의 지식 차이 등에 따라 구성원들은 느끼는 감정 정도가 다르게 마련이다. 그런 감정을 함부로 추측하거나 고정관념으로 바라보거나 상대적인 비교 등으로 해석하면 곤란하다. 가령, "생각보다 잘 하는데?"라고 말한다면 상대가 어떻게 생각하겠는가? 결코 유쾌하지 않을 것이다. '나를 어떻게 생각했기에 저런 얘기를 하지?'라고 생각할 것이다.

리더는 구성원의 업무에 관심과 격려를 보내고, 효율적인 업무 수행에 칭찬과 지지를 표함으로써 심리적 안전감을 주어야 한다. 이를 위해서는 각 개인의 행동심리 상태, 즉 자신의 업무에 대한 자부심과 자존감을 주는 대화법이 필요하다.

1 기다리고 믿는 만큼
성장 동력이 된다

경영대학원의 '커뮤니케이션 수업'에서 항상 던지는 질문이 있다. "자신의 일에 대한 의욕을 높여주었던 리더의 말은 무엇인가?"가 그것이다. 그 질문을 받으면 원우들은 잠시 생각한 후 미소를 띤 얼굴로 이렇게 답한다.

"김 대리였기에 할 수 있는 일이었어, 수고 많았어."

"그 분야는 이 팀장이 전문이고 최고잖아."

"최OO 씨와 같은 팀이라 마음이 놓이고 든든해."

"정OO 과장은 대체가 불가능한 인재야."

그 대답들은 상황과 내용에 조금씩 차이는 있지만 대개 상사가 자신을 믿고 있다고 느낄 때였다. 이런 믿음은 구성원들의 지속적인 성과에 따라 생겨난다. 하지만 그들이 항상 긍정적인 성과만 만드는 것은 아니다. 때로는 주어진 일이나 상황 속에서 실패해 좌절하거나 의욕을 잃기도 한다.

그렇다면 구성원들은 어떤 상황에서 좌절하거나 일에 대한 의욕이 떨어지는 것일까? 그에 대한 답을 얻을 수 있다면 업무 효율성을 높일 수 있지 않을까?

미국의 동기유발 전문가인 브라이언 트레이시는 《동기부여 불면의 법칙》에서 일할 때 의욕을 떨어뜨리는 두 가지 요소가 있다고 말했다. 하나는 '실패에 대한 두려움'이고, 다른 하나는 '거절에 대한 두려움'이 그것이다. 이 두 가지 두려움에는 공통점이 있다. 업무를 진행할 때 닥쳐올 민감한 반응, 즉 비판과 추궁과 불신에 대한 두려움이다.

업무의 경중에 따라 물론 차이는 있을 것이다. 하지만 위험을 감수하는 일이나 새로운 업무나 책임을 떠맡는 일에 스스로 먼저 하겠다고 나서기란 쉽지 않다. 업무를 진행하면서 실수나 실패를 한 번도 하지 않은 사람이 어디 있겠는가. 이런 두려움은 자기 스스로는 물론 회사의 발전에도 그리 좋은 것은 아니다.

가령, 회의 시간에 이런 생각을 한다고 가정해보자.

'내 생각을 지금 그대로 말해도 될까?'

'이런 말하면 팀원들이 나를 부족한 사람으로 여기지 않을까?'

'이런 말을 하면 엉뚱하거나 한심하다고 할 것 같은데······.'

이런 두려움을 가지고 회의에 임하는 직원들이 많다면 아마 만족할 만한 결과는 나올 수 없을 것이다. 우리는 어떤 생각과 말에서든 힌트를 얻을 수 있다. 생각을 확장하고, 업무를 적극 추진할 수 있는 것은 그것을 용인하거나 받아들일 수 있는 업무 환경이 뒷받침되었을 때 가능하다.

브라이언 트레이시는 "동기부여에 영향을 미치는 핵심 요소를 한 가지만 꼽으라면 경영자와 구성원들 간의 관계"라고 말했다. 상사와 부하, 동료 간의 관계, 즉 '조직문화'에 따라 업무에 임하는 마음가짐이 달라진다는 것이다.

세계 최대 IT 기업인 구글은 뛰어난 인재들이 자신의 생각을 마음껏 펼칠 수 있는 '조직문화'로 유명하다. 그런 구글에서도 팀별 성과에 차이가 발생한다. 그래서 구글은 2012년부터 2015년까지 4년 동안 심리학자, 사회학자, 통계학자 등을 참여시켜 연구를 시작했다. 이 연구는 일명 '아리스토텔레스 프로젝트'로 불리는데, 사내 180여 개 팀을 대상으로 좋은 성과를 내는 팀과 그렇지 못한 팀 간의 차이점을 알아내기 위한 것이었다.

연구 결과 성과가 좋은 팀, 즉 일을 잘 하는 팀의 비결을 한 마디로 요약하면 '심리적 안전감Psychological Safety'이 높게 나타났다는 것이다. 뛰어난 인재들이 모인 구글에서도 '팀원이 누구인가'보다는 '모인 팀원이 어떻게 상호작용하는가'에 따라 팀의 성과가 좌우되었던 것이다. 여기서 심리적 안전감이 나타나는 4가지 요소는 '신뢰성', '조직 구조와 투명성', '일의 의미', '일의 영향력'이었다. 특히 '신뢰성'은 다른 팀원들이 정해진 시간 내에 만족할 만한 수준의 성과를 보일 것이라고 서로 믿는 것을 의미한다.

그러나 믿는다는 감정에는 한 가지 행위가 반드시 수반되어야 한다. 바로 '기다림'이다. 믿기 때문에 기다릴 수 있는 것이다. 믿지 못하면 불안하고, 불안하면 맡긴 업무가 미덥지 못해 수시로 체크할 수밖에 없다. 이것이 지나치면 다그치거나 재촉해 조직 전체에 불안감을 전파하게 된다.

필자는 아이가 둘 있다. 아이들을 키우면서 '내가 믿지 않으면 누가 믿어줄까?' 하는 생각을 많이 했다. 다른 아이들과 비교

하는 순간 부족한 부분이 보이고, 아이를 다그치게 된다. 이런 경우를 주변에서 수없이 보았다. 그럴 때마다 부모님을 떠올렸다. 주변 친구들보다 성적도 좋지 않고, 평범했는데도 그분들은 "그래, 너라면 할 수 있을 거야", "그래, 한번 해봐. 다치지 말고 열심히 해봐"라며 언제나 응원해주셨다.

덕분에 살아오면서 많은 도전을 할 수 있었다. 많은 성취도 실패도 경험할 수 있었다. 특히 이렇게 글을 쓰고 커뮤니케이션 강의를 할 수 있는 것은 업종이 다른 7가지 직업을 거치면서 겪었던 수많은 이야기가 있었기에 가능했다.

직업을 바꿀 때마다 부모님께서는 얼마나 불안하셨을까. 그때마다 또 얼마나 힘들게 자리를 잡아야 할지 걱정이셨을까. 두 아이의 아빠가 되고 보니 그 마음을 조금은 알 것 같다. 믿고 기다리는 것이 쉽지 않다는 것도 실감한다. 늘 믿고 응원해주셨던 부모님이 계셔서 정말 행복했다. 시간이 지나 아이를 키우면서 부모님의 그 마음이 이제 내 안에 자리하고 있음을 깨닫는다.

앞서 설명한 구글의 프로젝트는 "전체는 부분의 합보다 크다"라고 말한 고대 그리스 철학자 아리스토텔레스로부터 그 이름을 가져왔다. 그 프로젝트는 개인의 뛰어난 역량보다 서로의 신뢰에 기반한 팀워크가 더 높은 성과를 가져온다는 것을 보여주었다. 따라서 리더라면 팀원들이 서로를 신뢰하고, 기다려주며, 부족한 부분을 서로 보완해줄 수 있는 '조직문화'를 만들어야 할 것이다.

2 직무 만족의 부재를
찾아서 해결하라

"요즘 일하기 어때?"라는 질문을 받을 것이다. 그에 대한 대답은 "괜찮아요"가 가장 많지 않을까 싶다. 그런데 "아주 좋아요", "하는 일에 만족하고 있어요"와 같은 대답은 매우 긍정적인 뜻을 지닌 반면, '괜찮다'는 대답은 두루뭉실한 느낌을 준다. 사전에도 '괜찮다'는 말은 좋다는 뜻이 아니라 '별탈이나 이상이 없는 상태' 또는 '별로 나쁘지 않고 보통 이상'인 상태라고 나와 있다. 따라서 '괜찮다'는 대답은 '만족하다'는 말과 거리가 있다고 할 수 있다.

그렇다면 자신이 맡은 일에 만족을 느끼거나 즐기는 상태임을 어떻게 알 수 있을까? 업무(직무) 만족과 관련된 연구 조사에서 쓰이는 항목으로 유추해볼 수 있을 것이다. 직무 만족도 조사에 관한 여러 문항 중 빈도가 높은 다음 5가지를 보자.

- 내가 수행하고 있는 직무에 보람을 느끼고 있다.
- 지금 맡고 있는 직무를 다음에 다시 맡더라도 싫지 않다.
- 내 직무에서 내 능력을 상당 부분 발휘할 수 있다.
- 일을 통해 많이 배우고 있으며 자기 계발에도 도움이 된다.
- 스스로 맡고 있는 직무에 적합하다.

각 문항에 몇 점을 줄 수 있을까? 각 문항에 답하되 다음의 몇 가지 조건이 있다.

첫째, 10점 만점으로 하되 5점은 줄 수 없다.

둘째, 그 점수를 준 구체적인 이유를 적어보자.

셋째, 10점에서 부족한 것을 적는 것이 아니라 해당 점수를 준 이유를 적어야 한다.

이 조사를 해보았더니 사람들은 만점에서 부족한 이유를 먼저 생각하는 경우가 많았다. 8점이면 그만큼 만족하는 이유를 생각해보자. 그래야 현재 맡은 업무에 대해 구체적으로 생각하고 정리하기가 수월하다.

만약 이 5가지 문항에 대한 점수가 현저히 낮다면 이 상태를 뭐하고 할까? '직무 불만족'이라고 생각하기 쉽다. 그러나 그보다는 '직무 만족의 부재'라고 표현하는 게 맞다. 미국의 경영심리학자 프레더릭 허즈버그Frederick Herzberg의 '동기위생이론'에 따르면, 불만족 요인을 제거한다고 해서 만족도가 정비례로 높아지지는 않는다고 한다. 만족 요인과 불만족 요인이 반대관계를 이루고 있지 않기 때문이라고 한다.

다음 그림을 보면 모든 항목의 빈도는 두 가지 측면을 지니고 있다. 만족 요인이면서 불만족 요인이 되고, 불만족 요인이면서 만족 요인이 되기도 한다.

예를 들어, '승진' 요인에 부정적이라고 답한 사람들은 승진과 함께 맡게 될 업무의 부담감으로 인해 승진이 반드시 좋은 것만은 아니라는 것이다. 반대로 '통제'에 대해 긍정적으로 답한 소수의 사람들은 업무 분담이나 체계화되지 못한 부분 때문에 생겨난 스트레스가 줄어들 것이라고 생각한다는 것이다. 이것을 보았을 때 리더가 직원들의 직무 만족을 위해 신경 쓸 사안이 정말 많다는 생각이 든다.

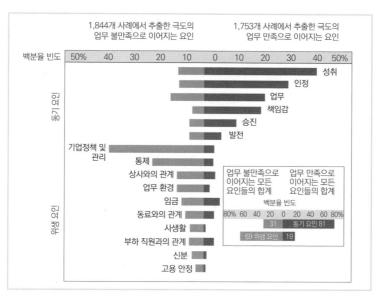

출처 : Frederick Herzberg, "One More Time: How Do You Motivate Employees?",
Harvard Business Review, January 2003

[그림2] 업무 만족과 불만족에 영향을 주는 요인

　　필자는 그래서 강의 시간에 직장인인 대학원생들에게 "상사의 어떤 말에서 자신의 직무에 만족감을 느끼나요?"라고 직접 물어보았다. 이 질문에 가장 많이 언급된 내용을 두 가지로 정리하면 다음과 같았다.

"지금 새롭게 시작한 일은 할 만한가요? 필요한 것이나 내가 도와줄 수 있는 부분이 있으면 언제든 얘기해요."

"지금도 충분히 잘 해내고 있어요. OOO에 대한 부분을 과거 자료와 비교해서 좀 더 세밀하게 분석하면 핵심 이슈에 가까워지지 않을까 싶어요. 김OO 씨는 어떻게 생각해요?"

이런 격려와 질문을 통해 좀 더 깊은 생각을 할 수 있도록 길을 안내받았을 때, 그들은 자신의 업무 역량이 더 성장하고 있음을 느꼈다고 한다. 이와 함께 "이 부분에 대해 저한테 설명해 줄 수 있나요? 최OO 씨가 그 분야 프로니까 제가 배우려구요" 와 같이 구성원에게 먼저 질문하는 방법도 좋은 반응을 얻었다. 뭔가 새로운 시도가 필요한 업무에 "이 프로젝트는 기존 틀과는 다른 접근이 필요해요. 해보고 싶은 게 있으면 머뭇거리지 말고 시도해 보세요. 제가 지원할게요"와 같이 진심으로 응원하고 지지하고 있다는 느낌을 전달하는 것도 반응이 좋았다.

이번에는 한 업무를 계속하다 보니 자신이 정체되어 있다고 느낀 상황에서 직장 선배가 던진 질문으로 전환점을 맞은 경우다.

문 대리는 순환보직이 어려운 특정 직무를 맡고 있었다. 구성원들 모두가 '그 일은 당연히 문 대리가 해야 돼', '그 일이야말로 문 대리가 적임자야'라고 생각했다. 그때 사내의 친한 선배가 문 대리에게 "자네가 잘 하는 일인 건 맞는데, 지금 하고 있는 일이 만족스러워?"라고 물었다. 그 말에 문 대리는 뒤통수를 얻어맞은 기분이었다. 요즘 들어 업무에 집중이 잘 되지 않고 힘들었는데 그 질문이 내면을 깨운 것이다.

문 대리는 당연하다고 생각했던 업무와 반복되는 일과를 돌아보게 되었다. 지금 상황을 좀 더 넓게, 다른 각도에서 생각하게 된 것이다. 이 시점 이후 문 대리는 혼자 하는 반복된 업무에서 벗어나 자신이 다른 부서에 지원을 해줄 수 있는 새로운 일을 찾아 도전하게 되었다. 그러자 본래의 업무에서도 시너지가 생겨났다.

리더는 이처럼 구성원들의 '직무 불만족'을 없애는 대신 '직무 만족의 부재'를 찾아야 한다. 그것이 자신의 생각과 경험으로 유추할 수 있는 범위 밖에 존재할 수도 있다. 생각에는 항상 차이가 존재하게 마련이다. 이럴 때는 물어보자. 왜 그런지, 무엇 때문에 그런지 말이다. 질문은 사람을 생각하도록 만든다. 사람은 질문에 답하기 위해 자신의 생각과 행동을 천천히 짚어나가게 된다. 그 순간이 바로 그에게는 '전환점'이 된다.

3 행복감은
자발적 동기부여로 이어진다

행복한 삶은 어떤 삶일까? UN산하 지속가능발전해법네크워크SDSN의 '2021년 세계행복보고서'에 따르면, 우리나라는 2018년~2020년 합산 149개국 중 62위를 기록했다고 한다. 경제 규모에 비해 그리 높지 않은 행복감을 갖고 있지 않음을 알 수 있다.

그렇다면 행복은 어떤 감정 상태를 말하는 것일까? 서울대 심리학과 최인철 교수는 자신의 저서 《굿 라이프》에서 행복을 측정하는 도구를 소개했다. 심리학에서는 행복한 감정을 측정할 때 여러 도구 중 PANASpositive and negative affect schedule를 가장 빈번하게 사용한다. 거기에서는 다음과 같이 긍정 감정 10가지와 부정 감정 10가지를 규정하고 있다.

[표1] PANAS(positive and negative affect schedule)

긍정 감정	부정 감정
관심 있는	괴로운
신나는	화난
강인한	죄책감이 드는
열정적인	겁에 질린
자랑스러운	적대적인
활기찬	짜증 난
정신이 맑게 깨어 있는	부끄러운
영감 받은	두려운
단호한	조바심 나는
집중하는	불안한

이 20가지 감정으로 행복을 측정하는데, 여기에는 '행복함'과 '불행함'이란 단어는 찾아볼 수 없다. 행복은 다양한 감정 상태에서 느끼는 어떠한 상태를 말하는데, 심리학에서는 행복을 '주관적 안녕감Subjective Well-being'으로 표현한다. 즉, 다른 사람과 비교하거나 객관화할 수 없는 각각의 개인이 느끼는 감정 상태라고 할 수 있다.

일상에서 느끼는 개인의 감정은 제각기 다르다. 직장, 가족, 친구, 자신의 건강 상태 등 다양한 상황에서 느끼는 감정에 따라 행복감은 다를 수 있다.

그런데 우리 같은 평범한 사람들이 가장 많은 시간을 보내는 곳이 어디인가? 바로 '회사'다. 그렇게 본다면 회사에서 얼마나 행복한 감정을 느끼느냐에 따라 우리가 행복하다고 느끼는 정도도 큰 영향을 받지 않을까 싶다.

미국 노스웨스턴대학의 클라우디아 하세 교수는 사람들이 행복할 때 '자발적 노력'이 가장 촉진된다고 말했다. 따라서 구성원들에게 동기부여를 가장 유발시키는 때는 그들이 행복하다고 느낄 때라고 할 수 있다. 만약 조직 구성원들이 '사무적인 대화만 오가는 사무실', '지시와 점검만 오가는 상사와의 관계', '의견을 내기가 꺼리는 회의 시간', '믿음이 적은 동료 관계'에서 생활한다면 어떻게 될까? 아마도 숨이 막혀 퇴사하고 싶을 것이다.

심리학자 에드 디너Ed Diener의 연구에 따르면, 사람들의 행복감을 예측하는 중요한 문화적 특성에는 두 가지가 있다고 한다. '나의 의견과 생각이 존중받는가?'와 '언제든지 믿고 도움을 받을 수 있는가?'가 그것이다. 이는 곧 자유로운 근무 환경을 비롯하여 상사에 대한 믿음과 신뢰가 구성원들의 행복감에 영향을 미친다고 할 수 있다.

조직문화는 리더에 의해 많은 차이가 만들어진다. 자신의 구성원들이 무엇을 좋아하고, 무엇을 싫어하며 피하고 싶은지 구체적으로 알면 긍정적인 감정 상태를 조성하기가 수월하다. 이와 관련된 몇 가지 사례를 소개한다.

【사례1】

A대리는 평소 업무와 회사생활에 대해 속내를 털어놓는 2년차 후배 D사원의 고충을 덜어준 일이 있다.

팀장님의 외근으로 업무 처리가 늦어지던 화요일 오후 5시 30분. D 사원이 불안한 눈으로 시계와 자신을 번갈아 보았다. D사원은 자기 계발을 위해 퇴근 시간 이후 대학원에 다니고 있었다. A대리가 D사원에게 왜 그렇게 조바심을 내는지 물었더니 중간고사 기간이라 학교에 가야 된다고 했다. A대리는 업무 처리 상황을 살펴본 후 팀장님께는 자기가 잘 말씀드리겠다며 D사원을 학교로 보냈다. 이 일 이후 D사원은 A대리를 더욱 신뢰하게 되었다.

【사례2】

한 금융회사에서 진급 시험을 2주 앞둔 어느 날이었다. 시험을 준비하고 있는 이 대리에게 최 팀장이 커피 한 잔을 건네며 물었다.

"이 대리, 승진 시험 준비한다면서. 공부는 좀 어때?"

"네, 팀장님. 열심히 하고는 있는데, 쉽지 않네요."

"4과목 중 몇 과목이나 정리했어? 아직 마무리가 덜 됐으면 옆 팀 김 대리나 박 대리와 스터디를 함께 해보는 건 어때? 훨씬 효율적일 것 같은데."

"아, 그러면 좋겠네요. 그들도 같은 생각인지 한번 물어보겠습니다."

"스터디를 하게 되면 내게 일정을 공유해줄 수 있을까? 시험에 집중할 수 있도록 내가 도울 일이 있으면 도와줄게."

이후 최 팀장은 이 대리의 업무 시간을 조정해주며, 지원을 아끼지 않았다. 그 결과, 이 대리는 무사히 시험을 통과할 수 있었다.

최근 넷플릭스가 우리나라 콘텐츠 등에 힘입어 전 세계 OTT 시장의 최강자로 자리매김하고 있다. 넷플릭스의 콘텐츠 제공 방식은 과거의 미디어와는 다른 방식을 취하고 있다. 영화와 드라마 등을 온·오프라인으로 동시에 개봉하는 것은 물론 시리즈물의 경우 전편을 업로드하는 방식을 취하고 있다.

하지만 넷플릭스가 처음부터 이런 서비스 방식을 택했던 것은 아니다. 신입 사원 연수가 그 계기가 되었다. 한 임원이 영화의 개봉 순서가 극장에서 시작해 비디오 대여점으로 이어진다고 신입 사원들에게 설명하는 순간이었다. 이야기를 듣고 있던 한 신입 사원이 "왜 그래야만 하죠?"라는 질문을 던졌다. 곰곰이 생각해보니 그 임원도 왜 그래야만 하는지 한 번도 고민해본 적이 없었다. 그저 지금까지 하던 방식 대로 하고 있었을 뿐이다. 넷플릭스는 이러한 문제의식에서 출발해 지금의 혁신적인 서비스 방식을 개발하게 되었다고 한다. 이는 직위나 직급에 상관없이 누구나 의견을 제시할 수 있고, 어떠한 의견이라도 경청하는 문화가 조성되어 있었기에 가능했던 것이다.

이러한 회사를 만들고 싶은가? 이러한 회사의 리더가 되고 싶은가? 그렇다면 구성원들과의 식사 시간이나 티타임에서 대화를 나눌 때 경청을 하고 메모를 하라. 자유로운 분위기와 신뢰관계는 하루아침에 만들어지지 않는다. 리더의 행동에 따라 이것들이 지속될 수도 있고, 단시간에 사라질 수도 있다. 조직 문화를 주도하는 사람은 어느 누구도 아닌 바로 '리더'다. 그의 표정과 말투로 회사 분위기가 달라진다.

EBS에서 '시각적 벼랑'이라는 실험을 한 적이 있다. 걸음마도 제대로 못하는 어린 아이가 웃는 표정의 엄마와 무표정한 엄마가 앞에 있었을 때 보이는 행동을 알아보는 실험이었다. 이 실험에서 웃는 표정의 엄마가 있을 때 아이는 위험해 보이는 공간도 용기를 내서 건너갔다. 이것은 무표정한 엄마가 있을 때는 하지 못했던 행동이었다.

리더와 구성원의 관계라고 해서 이와 다르리라 생각해서는 안 된다. 밝은 표정과 말투, 업무에 집중하는 리더의 행동은 구성원들에게 심리적 안정감을 준다. 그것은 구성원들에게 도전과 의욕을 불러올 수 있다.

마이크로소프트에서 CEO를 맡고 있는 사티아 나델라Satya Narayana Nadella는 그의 저서 《히트 리프레시》에서 CEO의 첫 글자인 C는 'Chief'가 아니라 'Culture'라고 했다. 그만큼 조직문화가 중요하다고 강조한 것이다. 리더라면 구성원들의 역량 개발과 성장을 위해 자신부터 생각을 바꾸어야 한다. 구성원들에게만 바꾸라고 하지 말고, 자신의 생각과 태도를 바꿈으로써 즐거운 조직문화를 만들어야 한다. 행복했던 기억은 그때의 경험과 함께 오래도록 마음속에 남는다. 사람들은 행복하다고 느낄 때 미래를 준비하고 행동으로 실천한다.

4 관심과 호기심에서
격려의 말은 시작된다

칭찬과 격려는 어떤 차이가 있을까?

국어사전을 찾아보면 다음과 같이 나온다.

> • 칭찬(稱讚) : 좋은 점이나 착하고 훌륭한 일을 높이 평가함.
> • 격려(激勵) : 용기나 의욕이 솟아나도록 북돋워 줌.

의미는 비슷하지만 이 둘 사이에는 미묘한 차이가 있다. 칭찬이 결과에 관한 것이라면, 격려는 과정에 관한 것이다. 그렇다면 결과가 만족스럽지 않다고 해서 칭찬을 하면 안 되는 것일까. 그때가 오히려 칭찬이 필요한 순간이다. 과정을 칭찬하면 된다. 결과에만 초점을 맞춘 칭찬이야말로 가장 낮은 기술이다.

　그렇다면 구성원들은 어떤 상황에서 용기나 의욕이 솟아날까?

　이 질문에 참고할 만한 연구가 제임스 M. 쿠제스James M. Kou-zes의 《리더십 챌린지》에 나온다. "구성원들이 퇴사하는 이유는 돈이나 조건 때문이 아니라 상사에게서 노고를 인정받지 못하기 때문에 떠난다"고 한다. 이 책에 따르면, 81%의 사람들이 감사를 표현하는 리더와 일할 때 근무 의욕이 더 생겨나고, 70%는 리더가 자신에게 고맙다는 말을 정기적으로 자주 해줄수록 기분이 좋아지고 의욕이 생겨난다고 답했다고 한다. 즉 '고맙다'와 '감사하다'는 말을 자주 할수록 구성원들은 의욕이 높아지고, 이직률이 줄어든다고 할 수 있다.

　현실에서 보면 자신의 업무를 열심히 하는 사람들이 많다. 그들은 어떤 상황이 생기든 자신의 업무에 집중할 것이라는 믿음을 지니고 있다. 이들에게 "열심히 일해줘서 정말 고맙습니다"라고 말해보라. 사소한 것 같지만 자신이 인정받고 있다는 생각을 갖게 될 것이다.

　반면 '격려의 말'이 그리 달갑지 않은 경우도 있다. 다음은 그에 관한 사례다.

한 공공기관에서 센터장으로 근무하는 K. 그는 다른 사람에 비해 다양한 업무를 경험한 특이한 경력을 가지고 있었다. 그 때문인지 승진도 비교적 빨랐다. 승진을 할 때마다 주변 사람들은 "잘 할 거야", "잘해낼 거야"와 같은 말로 그를 격려해주었다. 그런데 K는 어느 순간 이 말들이 의례적인 말 같다는 생각이 들었다. 사실 K가 듣고 싶었던 것은 밤낮없이 업무에 집중하며 외롭고 힘들었던 것에 대한 위로의 말이었다.

그때 한 선배로부터 "다른 사람이 가보지 않은 길을 네가 먼저 가는일이 종종 생기는구나. 새로운 업무에 적응하려니 부담되고 걱정되지?"라는 말을 듣자 K는 울컥하는 느낌이 들면서 큰 위로를 받았다고 한다. 그 마음을 안다는 듯 선배는 미소를 띠며 한마디 더 덧붙였다고 한다.

"그렇지만 지금껏 봐온 네 모습은 모든 어려움도 기회로 바꾸었고, 노력의 결과물도 좋았어. 이번에도 잘 해낼 거라고 믿어. 힘들면 말해. 언제든 도와줄 테니."

이 사례처럼 막연하게 던지는 '잘 할 거야', '잘 해낼 거야'라는 말은 자칫하면 진심처럼 느껴지지 않을 수도 있다. 위의 사례처럼 열정을 다해 일해 왔지만 어느 순간, 마음속으로 힘들다고 느낄 때도 있다. 그 순간 리더가 주는 '위로'와 '격려'는 큰 힘이 된다.

하버드대학교 심리학과 교수인 데이비드 맥클랜드David C. Mc- clelland와 미시건대학교의 존 앳킨슨 교수John Atkinson의 공동연구에 따르면, 동기부여와 성공 확률 간의 관계는 아래 그림처럼 '종' 모양의 곡선을 그린다고 한다. 성공 확률이 50% 지점에 도달할 때까지는 동기부여와 일에 대한 노력이 증가하지만, 50% 이후에는 성공 확률이 증가해도 동기부여 수준은 하락한다는 것이다. 처음에 목표를 정하고 추진할 때는 동기부여가 상승하

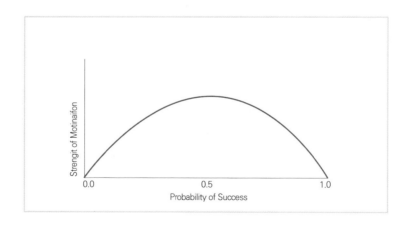

[그림3] 동기부여의 강도와 성공 확률의 상관관계

지만, 어느 시점, 가령 일을 진행하는 데 어려움을 겪는 순간이 오면 처음에 가졌던 마음가짐이 힘을 잃게 되는 것이다. 이때 필요한 것이 바로 리더의 '위로'와 '격려'다.

리더라면 구성원들의 역량과 노력을 구체적으로 인정하고, 힘들었던 순간을 잘 견뎌낸 것을 격려해 다시금 의욕이 솟도록 해야 한다. 그런 리더는 대부분 구성원들의 재능을 알아보는 혜안을 가지고 있다. 평소에 관심과 호기심을 가지고, 그들의 말과 행동을 주의 깊게 바라보기에 구체적인 위로와 격려가 가능한 것이다.

잘 하고 있을 때만 격려가 필요한 것은 아니다. 부족한 점이 있거나 미숙한 업무를 처리하는 데에도 큰 힘이 된다. "열심히 했네. OO만 보완한다면 잘 마무리될 것 같아"와 같이 구체적이고 따뜻한 격려는 구성원들의 의욕을 높인다.

5 제대로 된 칭찬으로
시그널을 주어라

　필자에게도 과거 잊지 못할 흑역사가 있다. 방송 진행자로서 역량이 뛰어났던 2년차 방송 후배와 스튜디오에서 해당 프로그램을 모니터링하고 있을 때였다. 모니터링은 프로그램 완성도를 높이고, 청취율을 높이기 위해 모든 프로그램에서 주기적으로 실시하고 있었다.

　그날 필자는 예전에 지적했던 내용을 후배가 고치지 않고 있음을 확인하게 되었다. 6개월 이상 지적했음에도 전혀 고쳐지지 않았고, 청취율도 동시간대 최하위를 벗어나지 못하고 있었다. 그래서 무표정하고 건조한 말투로 다음과 같이 쏘아붙였다.

　"OO아, 이거 왜 고치지 않니. 고치기 싫은 거야? 이유가 뭐야?"

그 말에 후배가 감정이 상한 듯 이렇게 지적했다.

"팀장님은 왜 저를 칭찬하지 않으세요? 못한 것만 지적하지 말고, 잘한 것은 칭찬 좀 해주세요. 다른 사람들은 저를 칭찬해주는데, 팀장님은 해주시지 않잖아요. 칭찬은 고래도 춤추게 한다는데……."

그 말을 듣는 순간 화가 치밀어 올랐다. 후배의 지적사항을 인정하고 싶지 않았다. 다른 사람의 칭찬은 기억하면서 정작 내가 했던 칭찬은 기억하지 못한다는 생각에 목소리가 높아졌다.

"잘 들어, 네가 하는 방송이 동네 사람들이 듣는 것인지, 수십 수백만 불특정 청취자가 듣는 것인지 생각해봐. 똑같은 지적을 몇 달 동안 해도 고칠 생각은 않고, 칭찬을 왜 안 해주느냐고? 내가 지적한 것을 고쳐야 칭찬을 해주지. 그리고 칭찬은 고래도 춤추게 한다고? 네가 고래야?"

이 말에 후배 역시 목소리를 높였고, 결국은 육두문자까지 오가는 상황에 이르렀다. 지금 와 생각해보면 리더십과 커뮤니케이션에 대해 연구하고 강의하는 사람으로서 얼굴이 화끈거리는 기억이 아닐 수 없다. 하지만 그때의 미숙한 모습을 돌아보면서 좀 더 나은 리더는 어떻게 구성원과 대화해야 하는지 고민하게 된 잊을 수 없는 사건이었다.

칭찬은 매우 중요한 동기부여 요소임에 틀림없다. '구체적으로 칭찬하라', '결과보다 과정을 칭찬하라', '무분별한 칭찬은 오히려 독이 된다' 등 칭찬에 대한 조언들은 차고도 넘친다. 그 말은 그만큼 현실에서 잘 되지 않고 있다는 방증이기도 하다.

사람의 심리 변화는 행동 변화보다 선행한다. 즉, 행동에 변화가 생기는 것은 심리에 변화가 있었기 때문이다. 하지만 심리 변화에는 너무 다양한 요소가 존재한다. 이 책에서 말하는 동기부여 대화법도 한두 번의 대화로는 절대 만들어지지 않는다. 스스로 시뮬레이션 해보고, 반복해서 몸에 익힌 후, 실전에서 많이 활용해야 비로소 체득할 수 있다.

앞서 필자의 '흑역사'를 돌아보며 어떻게 행동하는 것이 적절한지 생각해보자. 다음은 그때 상황을 4단계로 나누어 나름대로 해법을 정리해본 것이다.

1단계: 대화 시간과 장소 준비 후 적절한 '타이밍'을 구한다.

잘 한 것에 대한 칭찬과 부족한 것에 대한 질책을 할 수 있는 시간과 장소가 만들어졌다는 것은 성장의 기회가 마련된 것이다. 칭찬과 질책의 공통점은 그 사람에 대한 애정이 깔려 있다는 것과 한두 번의 대화로 변화시키기가 쉽지 않다는 것이다. 애정도 없이 칭찬하고 질책하면 그것은 꼰대의 헛소리나 잔소리가 될 것이다.

2단계: 상대 의중 파악 후, 실질적 조언으로 수용성을 높인다.

칭찬에 인색하다는 후배의 표현은 칭찬에 목마른 것으로 해석할 수 있다. 이런 경우, 칭찬과 질책에 대한 비율을 가늠하고, 상대방의 욕구를 파악해야 한다. 미국에서 발표한 기업 내 커뮤니케이션 형태에 관한 한 연구 결과를 보면, 긍정적 피드백과 부정적 피드백의 비율이 5.6:1일 때 가장 적절한 것으로 나타났다. 그리고 난 후 행동 개선, 청취율 부진의 원인 등에 대한 실질적인 조언을 하면 수용성을 높일 수 있을 것이다.

3단계: 객관적 자료를 첨부해 문제 요소를 3개 이내로 준비한다.

선입견이 아니라 객관적인 자료가 첨부된 내용, 즉 청취율 변동 추이, 문제가 되는 방송 내용 횟수, 불필요한 사족 시간 등과 같이 문제점에 대한 인식을 공유하면 더 나은 방향으로 나아갈 수 있다. 그와 함께 상대의 능력 수준과 행동 변화 기간을 명시

해야 효과가 있다.

4단계: 전략을 재구성한다.

3단계까지 진행되었다면 협의를 통해 문제 요소들의 달성 목표 정도를 구체적으로 정한다. 예를 들어 청취율은 언제까지 몇 %로, 문제의 내용은 어떻게 바꿀지, 언제부터 시행할 것인지 등을 당사자가 제시하도록 한다. 팀장이 어떻게 지원할 수 있는지, 어떤 지원이 필요한지에 대한 의견도 교환한다. 1주나 2주 단위로 체크해서 조그만 변화라도 보이면 인정하고 칭찬하여 지속적으로 실천할 수 있도록 전략을 구성한다.

실행 지침: 질문을 통해 인지하게 한다.

4단계 과정을 진행할 때에는 일방적인 가르침 대신 질문을 통해 스스로 인지할 수 있도록 해야 한다. 일방적인 가르침은 그 순간에는 기억할지 모르지만 조금 지나면 잊어버리기 쉽다.

컬럼비아대학교 심리학과의 토리 히긴스Tori Higgins 교수는 사람들은 자신이 말하는 것은 믿는다고 말했다. 그는 이런 현상이 말하기 때문에 기억하는 인간의 본질에 의한 것이라며, 말한 사람은 듣기만 한 사람보다 기억을 더 잘할 가능성이 높다고 주장했다.

질문을 통해 생각하도록 하고, 글로 써서 다시 인식하도록 한다면 실천력을 더욱 높일 수 있다. 금세 고쳐질 것이라는 생각은 버려야 한다. 습관을 바꾸는 것이기에 여유를 가지고 긴 호흡으로 진행해야 서로의 만족감을 채울 수 있다.

많은 리더들이 좌표가 없는 '방향'과 '바람'만 일방적으로 쏟아내서 희망 고문하는 것을 볼 수 있다. 그것 대신 방법을 스스로 생각하도록 해주어야 한다. 구체적인 방법을 알아갈수록 질문을 하게 될 것이다. 그럴 때는 상대의 수준과 관심사를 바탕으로 세세하게 알려주면 된다.

비난은 상대로 하여금 방어본능을 작동하게 한다. 아무리 자신이 잘못했을지라도 업무 외적인 부분, 가령 행동까지 비난하면 '방어'기제가 더욱 강화된다. 그러고 나면 '자기합리화' 과정을 거쳐 서로 감정에 상처를 입은 '정체기'로 이어지고, 결국 서로를 '소외'시키게 된다. 누구에게도 전혀 이득이 없는 이러한 소모적 관계가 지속된다면 결국 이직으로 이어질 수밖에 없다.

시인 하상욱은 "창작이 목표인 사람은 기준을 만들고, 칭찬이 목표인 사람은 기준에 맞춘다"라고 썼다. 진정한 리더라면 한순간의 달콤한 칭찬보다는 '전략적으로 준비된 칭찬'으로 부족함을 스스로 어떻게 채울 것인지 생각하게끔 해야 한다. 이때 칭찬은 그 구성원을 성장시키고 싶다는 시그널과 같다.

6 참된 나를 찾도록
힘을 실어주자

과거 다양한 분야에서 직장생활을 했다. 그때 많은 상사들을 만났다. 그중에서도 가장 기억에 남고 감사한 분이 상아제약에 입사해서 만났던 경기사무소 소장님이다. 입사한 지 얼마 되지 않았던 때 새로운 도전에 지지를 해주신 분이다. 영업사원으로 근무를 시작한 지 4개월쯤 지난 어느 날, 밤 시간을 이용해 경영대학원 진학을 생각하게 되었다. 영업 현장에서 느낀 지식의 부족, 신입 사원으로서 더 빨리 성장하고 싶다는 생각, 저녁 시간에 너무 나태해지고 있는 나 자신을 바꾸고 싶은 의지의 발로였다.

경영대학원에 입학하려면 재직증명서가 필요하다고 해서 본사에 서류 발급을 요청했다. 이 사실을 본사 영업부 임원이 알고는 소장님께 "신입으로 들어온 지 얼마 되지도 않은 막내가 벌써 딴 생각하면 영업을 제대로 하겠어? 정리하는 게 어때?"라고 물었고, 이 일로 소장님은 업무와 상관없는 고민을 하게 되었다. 몇 달 동안 근무하는 것을 보면서 영업 실적이 나쁘지 않았기에 더 고민을 했다고 한다.

그리고 다음날 소장님은 조용히 내게 이렇게 제안하셨다.

"우리 모험 한 번 해보자. 하지만 회사 업무가 첫째라는 것을 명심해. 지금보다 더 열심히 하겠다고 약속한다면 공부하는 것을 도와줄 테니 우리 해보자."

그 후 사무실 선배님들까지 도와주신 덕분에, 그곳에서 근무한 4년 동안 전국 영업사원 중 10위권의 실적을 올리며 즐겁게 일할 수 있었다. 만약 소장님께서 본사 임원의 지시대로 학업을 허락지 않았다면 어떻게 됐을까. 90년대 중반에는 지금처럼 일과 학업을 병행하는 경우가 드물었다. 영업과 학업이 연관성이 크다고 할 수도 없었다. 단지 정체되어 있다는 생각에 경영대학원 문을 두드렸고, 응원해주신 분들의 믿음에 어긋나지 않으려고 열심히 한 덕분에 성적도 영업도 상위권을 유지할 수 있었다.

리더는 선택을 해야 하는 사람이다. 언제, 어떤 상황에서, 어떻게 의사결정을 해야 다수가 가장 만족스러운 결과를 얻을지 항상 고민하는 사람이다. 그 결정적인 선택의 순간 덕분에 구성원들의 존경과 신뢰를 받는 것이다. 다음은 한 중견기업에서 중요한 프로젝트 담당자인 정 대리가 자신의 팀장과 상반된 의견 때문에 어려운 상황에 놓였다가 이를 극복한 사례다.

정 대리는 오랜 시간 함께 일해 왔던 팀장과 프로젝트에 대한 의견이 달라 고민에 빠졌다. 팀장이 프로젝트 전체를 총괄하기에 당연히 그의 의견을 따라야 한다고 생각은 했다. 그러나 이 프로젝트는 정 대리가 담당한 것이었다. 팀장이 자신의 판단을 배제하는 걸 보니 영 마음이 내키지 않았다. 머릿속이 거미줄처럼 얽힌 것 같아 고민하던 순간, 팀장이 정 대리를 찾아와 낮은 어조로 말했다.

"정 대리, 자네는 자신의 프로젝트 방향을 확신하는 거지? 자네가 그동안 업무를 잘해왔고, 이 분야 전문가라고 생각해서 믿고 맡길 테니까 뜻대로 한 번 해봐!"

팀장은 담당자인 정 대리의 의견을 대표에게 보고한 후 자신도 동의한다는 의견을 피력했다. 정 대리는 팀장이 자신의 의견을 존중해준 데 대한 책임감을 가지고 프로젝트를 추진했다. 절대적 신뢰를 보여

준 팀장은 정 대리가 프로젝트를 문제없이 추진할 수 있도록 옆에서 적극적인 지원을 해주었다. 팀장의 지지와 응원 덕분에 다른 부서와의 협조도 잘 이루어졌다. 결국 정 대리의 프로젝트는 성공적인 결과로 이어졌다.

어쩌면 팀장의 의견대로 추진했어도 좋은 결과를 얻었을 수 있다. 만약 그랬다면 정 대리가 업무에 임하는 자세는 달라졌을 것이다. 동기부여가 되지 않아서 업무에 적극적으로 임하기가 쉽지 않았을 것이다. 팀장의 신뢰는 결국 정 대리가 스스로에게도 신뢰를 가지는 계기가 되었다.

리더들은 수없이 많은 결정 과정 때문에 오히려 결정 장애에 빠지기도 한다. 이를 극복하지 못한다면 자신은 물론 조직 전체를 큰 위험에 빠뜨릴 수도 있다. 그러한 결정 장애를 극복하는 방법에 대해 알아보자. 리더로서 결정을 내리고, 구성원들의 적극적인 행동을 촉진하려면 두 가지 단계가 필요하다.

첫째, 리더가 선택과 결정을 내리는 순간은 극도로 민감한 시기다. 올바른 결정을 내리기 위해 '왜', '어떻게'라는 두 가지 질문을 자신에게 던져보자. '왜'는 일의 의미와 목적의 가치를 생각하기 위해, '어떻게'는 목적을 달성하는 방법을 찾기 위한 질문이다.

둘째, 깊은 고민 끝에 선택을 내렸다면 결정된 내용 외에 다른 것은 외면해야 한다. 결정 이후에도 선택한 것과 포기한 것 사이에서 헤매고 있다면 그것은 바람직하지 않다. 놓친 물고기가 커 보이는 법이다. 이런 경우 '현재'만 생각해야 한다. 선택의 순간인 '과거'는 잊어야 한다. 선택이 달랐으면 어떻게 되었을까 하는 '미래'는 존재하지도 않기 때문이다.

04

하는 일에 의미와
가치를 부여한다

1. 주는 '메시지'는 명확해야 한다
2. 선택 순간에 적절한 사례를 제시한다
3. 일의 가치와 중요도를 수시로 강조한다
4. 긍정적인 말로 회복탄력성을 키워준다

Intro

너의 그 한마디 말도 그 웃음도
나에겐 커다란 의미
너의 그 작은 눈빛도
쓸쓸한 그 뒷모습도
나에겐 힘겨운 약속

너의 모든 것은 내게로 와
풀리지 않는 수수께끼가 되네
슬픔은 간이역의 코스모스로 피고
스쳐 불어온 넌 향긋한 바람
나 이제 뭉게구름 위에 성을 짓고
널 향해 창을 내리 바람 드는 창을

너의 그 한마디 말도 그 웃음도

나에겐 커다란 의미
너의 그 작은 눈빛도
쓸쓸한 그 뒷모습도
나에겐 힘겨운 약속

너의 모든 것은 내게로 와
풀리지 않는 수수께끼가 되네
슬픔은 간이역의 코스모스로 피고
스쳐 불어온 넌 향긋한 바람

나 이제 뭉게구름 위에 성을 짓고
널 향해 창을 내리 바람 드는 창을
슬픔은 간이역의 코스모스로 피고
스쳐 불어온 넌 향긋한 바람

나 이제 뭉게구름 위에 성을 짓고
널 향해 창을 내리 바람 드는 창을
너의 그 한마디 말도 그 웃음도
나에겐 커다란 의미

너의 그 작은 눈빛도

쓸쓸한 그 뒷모습도

나에겐 힘겨운 약속

도대체 넌 나에게 누구니?

-아이유(feat. 김창완)의 '너의 의미' 중에서-

　1984년 산울림의 10번째 앨범에 수록된 곡을 국민 여동생 아이유가 2014년 리메이크한 '너의 의미'라는 곡이다. 30여 년이 흘렀지만 그때의 감성이 지금도 사랑받는 이유는 뭘까? 이 곡은 결혼식 축가로도 자주 쓰인다. 당신은 나에게, 나는 당신에게 어떤 의미인지 서로 생각할 수 있어서일 것이다.

　이 노래 가사의 초점을 직장생활로 바꿔보자. 내가 하는 업무가 회사에 얼마나 기여하는지, 회사나 팀에서 나는 어떤 존재인지 생각해보자. 그러면 노래가 말하는 '의미'를 알려주는 대화법은 곧 '관계'에 대한 대화법이 된다. 여기서 '관계'에 대한 대화는 업무와 나의 관계, 팀과 나의 관계, 동료와 나의 관계 등 조직에서 가지는 '관계'를 뜻한다. 우리는 "시키는 일이나 잘 해"보다 "당신이 우리 팀에 큰 역할을 하고 있어"라는 말에 더 가슴이 뛴다. 나를 인정해주고, 나의 자존감을 높여주기 때문이다.

당신은 소속된 '사회', '조직', '모임', '가정'에서 어떤 존재인가? 얼마만큼의 역할을 하고 있는가? 그리고 당신은 어떤 의미를 가지고 행동하고 있는가?

1 주는 '메시지'는 명확해야 한다

안성기와 박중훈 주연의 영화 '라디오 스타'를 보면 다음과 같이 잊지 못할 명대사가 등장한다.

"별은 말이지 자기 혼자 빛나는 별은 거의 없어, 다 빛을 받아서 반사하는 거야."

사회나 조직에서 혼자 힘으로 성공한 사람이 있다고 생각하는가? 아무리 뛰어난 능력을 가진 사람이라도 혼자 힘으로 최고의 자리에 오른 사람은 없다.

과거에 혼자 힘으로 무던히도 애쓰다가 오히려 힘든 상황을 맞은 친구가 있다. 뭔가 해보려는 의욕 과잉, 즉 과욕 때문이었다. 그때 '자체발광(自體發光)'하려다가 '지랄발광'한 꼴이라며 타박했었다. 나에게도 그런 모습이 없었다고 자신할 수 없다. 나는 되도록 책과 주변 이야기를 많이 참고한다. 특히 서점에 가면 성공한 수많은 사람들의 이야기가 있고, 도움 되는 내용의 책들도 많다.

우리는 혼자서 모든 것을 다 하려고 시간을 낭비할 필요가 없다. 그럴 때는 주변에 있는 상사, 선배, 동료에게 조언을 구해보라. 자신의 생각을 넘어선 좋은 지침을 얻을 수 있을 것이다.

안성기의 대사처럼 별이 빛을 받아 반사하는 것이라면, 당신이 별을 만들 수도 있다. 당신은 자신의 경험과 정보를 동료나 후배에게 알려줌으로써 그들의 성공을 도울 수가 있다. 바로 그들의 멘토, 조력자가 될 수 있는 것이다. 당신이 진정한 리더라면 구성원들과 팀 그리고 회사를 위해 기꺼이 '멘토'가 되어야 한다.

리더에게 경험과 정보수집 능력은 소중한 자산이 된다. 특히 리더가 제시하는 구체적인 경험은 구성원들에게 강력한 내적 동기부여를 불러온다. 성공 사례는 물론 실패 사례도 개선 효과를 가져온다. 다음은 금융업계에 종사하는 정 팀장이 과거 자신이 잘못했던 경험을 공유하면서 팀워크를 높인 사례다.

전략기획부 부장이 경영지원팀과 전산회계팀에 새로운 업무를 배정한다는 소식이 들려왔다. 전산회계팀의 정 팀장은 그 소식을 듣고 매우 부당하다는 생각이 들었다.

얼마 후 전략기획부 부장이 부서를 방문해 새로운 업무를 잘 해달라고 부탁하는 순간, 정 팀장이 바로 반기를 들었다. "이 업무는 저희 팀에서 할 수 없습니다"라며 팀원들이 있는 자리에서 업무 배정에 대한 부당함을 말한 것이다. 팀원들 앞에서 정 팀장이 단호하게 말하자 전략기획부 부장은 상당히 난처한 표정을 지었다.

그 후 해당 업무는 결국 다른 부서로 이관되었다. 하지만 이로 인해 정 팀장의 회사 내 평가는 달라졌다. 자기 팀만 생각하고, 회사 전체를 보지 못한다는 평을 듣게 된 것이다. 정 팀장도 물론 할 말은 있었다. 업무가 너무 많아 야근을 밥 먹듯 하는 와중에 새로운 업무까지 떠안게 되었다며 팀원들의 불평불만이 하늘을 찔렀기 때문이다. 이 사건 이후 정 팀장은 전략기획부 부장과 불편한 관계가 되었다.

6개월 후 정 팀장은 새로운 팀으로 인사이동 되었다. 이것이 어떤 의미인지 오만 가지 생각이 들었다. 새로운 팀에서 자신에 대한 평가를 새롭게 바꾸고 싶다는 의욕도 생겨났다. 그래서 어떻게 해야 할까 고민하다가 팀원들에게 그 일 이후 느낀 점은 물론 전략기획부 부장과의 관계까지 솔직히 털어놓았다. 그러면서 팀원들 앞에서 배려하고 협력하는 팀이 될 수 있도록 자신이 더 많이 노력할 테니 도와달라고 요청했다. 소문을 듣고 긴장했던 팀원들의 마음이 풀리자 팀 분위기는 좋아졌다. 정 팀장은 얼마 지나지 않아 전략기획부 부장에게도 정중히 사과하고 관계를 회복했다.

사람들의 평가는 크게 긍정과 부정으로 나뉜다. 부정적인 평가는 빠르게 퍼지고 확장성을 가지며 오래도록 회자된다. 시간이 흘러도 이를 만회하기란 쉽지 않다. 정 팀장의 경우에도 부정적인 이미지를 해소하는 데 적지 않은 시간이 소요되었다.

리더라면 구성원들이 좋은 평가를 받고, 성과도 높기를 바란다. 그러기 위해서는 할 일이 있다. 좋은 평가를 받았던 사람들의 사례를 객관적인 시각에서 설명해주는 것이다. 그것이 바로 진정한 리더이자 멘토의 역할이다.

멘토로서 조언할 때 시간순으로 자신의 시각에서 설명하는 경우를 볼 수 있다. 시간순으로 말하는 것이 자신에게는 편할지 모르지만 듣는 사람 입장에서는 이해하기가 쉽지 않다. 이런 경우, 메시지를 중심으로 간결하게 설명해야 효과적이다. 앞서 설명한 정 팀장의 사례는 전체를 생각하지 못해 실수한 경우다.

그는 새로 옮긴 부서의 팀원들에게 업무에 대한 시각을 넓게 보고, 상대방 입장에서 한 번 더 생각하라는 메시지를 준 것이다. 자신의 부정적인 이미지에 대한 변명이 결코 아니었다.

회사 내에서 칭찬받거나 일 잘 하는 구성원의 사례를 알려주는 것도 유용하다. 다만 그 사례를 말할 때 비교를 해서는 안 된다. 상대평가를 받아들이기는 쉽지 않다. 오히려 역효과를 불러온다. 은유나 비유적 표현도 비교하는 것으로 느낄 수 있기에 조심해야 한다.

칭찬을 할 때는 구체적이어야 한다. 칭찬을 추상적으로 하는 경우가 의외로 많다. 가령 "이 대리가 그때 그 일을 며칠 동안 열심히 해서 성과급도 받고, 진급 대상자도 됐잖아, 열심히도 했지만 일을 정말 꼼꼼히 잘 했어"라고 말하면 대략적인 의미는 알겠지만 명확히 머릿속에 그려지지 않는다.

이런 경우, 업무에 관한 지식과 방법을 구체적으로 표현해야 한다. 세 가지 질문, 즉 '누가who', '어떻게how', '왜why'라는 질문을 스스로 던져 다음과 같이 그 업무의 의미와 중요성, 업무를 어떻게 처리했는지를 구체적으로 알려주는 것이다.

"이 대리가 작년 연말 성과평가에서 A를 받아서 성과급도 받고, 진급 대상자가 됐잖아. 평소에도 고객만족도 부분 상위

10%에 속해 있었는데, 작년에 고객만족 연수과정을 4개나 이수하면서 평균 80점을 넘겼더군. 그리고 불만고객 처리 과정에서도 부서와 업무별로 분류한 후 고객과 소통해서 고객평가도 좋았고, 고객 대처 능력에서도 뛰어난 평가를 받았던데."

리더는 멘토로서 주려는 메시지가 명확해야 한다. 도움이 되는 유용한 사례라도 그저 시간순으로 말한다면 '그땐 그랬지'로 기억될 수밖에 없다. 사례의 핵심 흐름이 메시지가 될 수 있도록 간결하고 명확하게 설명해주어야 할 것이다.

2 선택 순간에
적절한 사례를 제시한다

　최근 들어 타임 슬립Time Slip을 소재로 한 영화나 드라마, 소설 등이 인기를 끌고 있다. 유한한 시간과 제한적인 공간을 뛰어넘으려는 인간의 욕구 때문이 아닐까 싶다. 이런 류 중 가장 인상 깊게 본 드라마가 있다. 바로 '시그널'이다. 무전기를 통해 과거와 현재가 연결되어 사건을 해결해나가는 드라마로, 실제 사건들을 소재로 해서 많은 시청자들의 관심을 모았었다. 이 드라마에서 과거 속 형사가 현재를 사는 형사에게 이렇게 말한다.

　"그날 그런 생각이 들었습니다. 정말 벌 받을 놈이 벌을 받지 않는다면 또다시 이런 일이 벌어질 수 있겠다는 그런 생각이요. 경위님이 사는 세상은 다르겠죠. 적어도 거긴 죄를 지은 사람들이 합당한 벌을 받을 수 있는 세상이 됐을 거라고 믿습니다. 내겐 경위님이, 미래에 있을 당신이 마지막 희망입니다."

이 드라마처럼 미래에서 과거의 정보를 알려주면 얼마나 좋겠는가. 하지만 안타깝게도 우리에게 그런 무전기는 없다. 드라마와 영화에서 이런 소재를 단골로 삼는 것도 어쩌면 많은 현실에서 이루어질 리 없고, 많은 사람들이 원해서가 아닐까 싶다.

비즈니스 현장은 우리에게 수많은 선택을 요구한다. 이때 우리는 제한적인 정보만으로 결정을 해야 한다. 이런 상황에서 과거와 현재를 연결하는 '무전기' 없이도 올바른 선택을 할 수 있는 방법이 있다. 먼저 입사한 선배나 상사, 동종업계 선배들을 활용하는 것이다. 그들의 경험과 식견이 정보의 수준을 높여주기 때문이다. 이들이야말로 올바른 결정이 가능하도록 가까이서 정보를 제공해주는 사람들인 것이다.

이들의 조언으로 어려움을 극복한 사례를 몇 개 소개한다.

【사례1】

한 중소기업에 갓 입사한 신입 사원이 있었다. 그는 회사 규모에 비해 정보보안 규정이 너무 까다로워 불편함을 느끼고 있었다. 그런 모습을 보고 있던 선배가 다가와 그 이유를 다음과 같이 설명해 주었다.

"우리 회사 보안 규정이 너무 까다롭지? 7년 전쯤 우리 회사에 기술 유출 사건이 있었어. 기술이 다른 회사로 넘어가기 전 다행히 수습되었지만 다시는 그런 일이 생기지 않도록 신경을 쓰고 있는 거야. 우리처럼 기술이 생명인 회사는 더더욱 그렇지."

선배의 설명에 그는 고개를 끄덕였다. 정보보안에 까다로운 회사의 문화와 분위기를 이해할 수 있었고, 적응하는 데 큰 도움이 되었기 때문이다.

【사례2】

A사는 IT업계에서 10년 연혁을 가진 회사였다. 당시 A사는 새로운 도약을 위해 조심스레 신규 사업을 준비하고 있었다. 마침 3년차 팀원이 빠르게 변하는 IT업계에서 성장하기 위해 공부를 더 하고 싶다며 팀장에게 조언을 구했다. 팀장은 신규 사업이 추진될 경우 필요한 지식인 OO 분야에 대한 공부를 권유했다. 그리고 6개월 후 사업 추진과 함께 팀장이 그 구성원을 추천했고, 구성원은 업무에 잘 적응할 수 있었다. 팀원의 공부가 개인의 성장뿐 아니라 회사 성장에도 도움이 될 수 있었던 것은 팀장과 서로 믿고 의지했기에 가능했던 것이다.

【사례3】

한 회사에서 3년 정도 일한 D주임은 업무가 익숙해지자 매너리즘에 빠져 들었다. 하루는 B팀장이 D주임에게 "요즘 풀리지 않는 일이 있나봐. 표정이 안 좋아. 무슨 일 있어?"라며 커피 한 잔을 건넸다. 말하기 곤란하다는 표정을 짓는 D주임에게 B팀장은 자신의 과거가 생각난 듯 이렇게 말해주었다.

"우리 팀 하는 일이 결과가 눈에 바로 보이는 게 아니라서 회사 업무에 어떤 영향이 있는지 궁금할 거야. 지금 우리 팀이 맡고 있는 OO 분야에 대한 데이터 분석은 대표님의 최고 관심사야. 장기적으로 추진할 신규 사업 계획에 필요한 데이터기도 하고. 우리 팀에서 분석하는 데이터에 따라 회사의 미래 먹거리가 결정될 수 있어. 힘든 일이 있으면 언제든 내게 요청해, 최대한 도와줄게."

B팀장의 말에 D주임은 자신이 하는 일이 매우 의미있는 일임을 느낄수 있었다. 대표님의 최고 관심사라는 것에 매너리즘도 사라지는 것 같았다.

회사에서 일하다 보면 경험해보지 않은 일, 다른 사람들이 어려워하는 일, 미래를 예측할 수 없는 일 등이 주어질 수 있다. 피할 수만 있다면 피하고 싶은 일들이 주어질 수도 있다. 이런 일들이 회사의 미래와 밀접하게 관련된 경우도 많다. 이런 일과 마주치면 당신은 어떤 생각이 들겠는가. 먼저 불안하고 두려운 생각이 들 것이다.

심리학자들은 인간이 가장 싫어하는 것이 '불안'이라고 말한다. 그렇게 보았을 때 직장인들은 불안하고 두려운 일, 내게 주어졌기에 어떻게든 목표를 달성해서 성과를 보여줘야 하는 일을 가장 싫어한다고 할 수 있다. 영화 '명량'에서 이순신 장군은 300척이 넘는 일본 수군을 무찌르기 위해 고민할 때 "두려움을 용기로 바꿀 수만 있다면……"이라는 말을 하기도 했다.

그렇다고 해서 불안한 것이 무조건 나쁜 것은 아니다. 불안을 조성하는 불확실성과 막막한 요소들만 제거한다면 12척의 배로 300여 척의 일본 수군을 무찌른 명량해전 같은 성과를 올릴 수도 있기 때문이다.

앞서 설명했던 '아리스토텔레스 프로젝트'를 통해 심리적 안전감이 얼마나 놀라운 업무 성과를 가져오는지 우리는 알 수 있었다. 눈앞의 뿌연 안개 같은 막막한 상황을 만나면 거기서 벗어나고 싶은 것이 인간의 본능이다. 그렇기에 사람들이 미래학에 관심을 가지고, 유용한 정보를 필요로 하는 것이리라. 그러나 아무리 유용한 정보를 가지고 있다 하더라도 마음가짐을 어떻게 가지느냐에 따라 모든 것은 달라진다. 같은 상황에서 같은 일을 해도 마음가짐에 따라 행동에 차이가 나타나기 때문이다.

미국의 케네디 대통령이 나사NASA를 방문했을 때의 일이다. 케네디 대통령이 복도에서 일하던 한 청소부에게 직업이 뭐냐고 물었다. 그러자 다음과 같은 답이 돌아왔다고 한다.

"인간이 달에 가는 일을 돕고 있습니다."

이처럼 자신이 회사에 정말 필요한 사람이고, 의미 있는 역할을 하고 있다고 느낀다면 그 회사는 어떤 어려움이 닥치더라도 한마음으로 이겨낼 것이다.

탁월한 리더는 주어진 상황을 알아챌 뿐만 아니라 이를 성장의 기회로 만든다. 그러기 위해서는 구성원들에게 필요한 조언을 하고, 불안 요소를 없애주는 것이 필수다. 지금 우리가 어떤 상황에 맞닥뜨렸고, 이것이 우리 조직에 어떤 영향을 미칠 수 있으며, 이를 극복하면 향후 어떤 미래가 열릴지 등에 대해 구체적인 설명이 필요한 이유다. 이렇게 하면 구성원들에게 도전 욕구를 불어넣을 수 있기 때문이다.

단, 이때 주의할 점이 있다. 자신의 경험에만 치우쳐 설명하거나 조언할 경우 역효과를 가져올 수 있다는 것이다. 따라서

자신이 경험뿐 아니라 새로운 정보나 지식을 받아들여 적절한
방향으로 조언을 하는 것이 바람직하다.

3 일의 가치와 중요도를
수시로 강조한다

어느 날 예기치 않은 사건에 휘말려 감옥에서 1년을 보내야 한다면 어떻겠는가? 한때 큰 인기를 얻었던 드라마 '슬기로운 감빵생활'은 메이저리그 진출을 앞둔 유망한 야구 선수가 동생을 구하려다가 '감빵'에 갇혀 적응해 가는 과정을 다루고 있다. 여기서 '감빵'이란 나오고 싶어도 나올 수 없고, 하고 싶지 않은 것도 할 수 밖에 없는, 어떻게 하든지 적응을 해야 하는 곳이다.

많은 사람들이 직장을 '감빵'에 비유한다. 그만두고 싶어도 그만둘 수 없고, 하고 싶지 않은 일이라도 해야 하고, 어떻게 하든지 그 안에서 적응해야 한다고 생각하기 때문이리라. 하지만 그렇게 말하는 사람들이야말로 스스로 마음속에 감옥을 지은 것은 아닐까?

한번은 강의 중 "슬기로운 직장생활을 위해 신입 사원이나 부하 직원에게 어떤 조언을 많이 해주나요?" 하고 물었다. 가장 많이 나온 대답이 '적을 만들지 않는 게 중요해!'였다. 아마도 이 말에 공감하는 사람들이 많을 것이다. 그 외에도 다양한 조언들이 나왔다. 먼저 개인적 처세에 관한 것들로는 이런 것이 있었다.

- "모든 사람은 강점이 있으니 적을 만들지 않는 게 중요해!"
- "팀 내에서 친하지 않은 사람과도 일할 수 있으니 잘 지내는 게 중요해."
- "업무 능력 못잖게 사람 관계나 평도 중요해. 관계의 기본은 인사야. 웃으며 큰 목소리로 인사하면 좋은 인상을 남길 수 있을 거야."
- "뒷담화하는 데 끼지 마. 그 자리에 있다는 것만으로도 뒷담화한 게 되거든."
- "일은 결국 사람과 사람이 만드는 결과물이야. 그래서 상대방의 얘기를 잘 들어주는 것이 중요해."

그 밖에 다음과 같이 다른 팀과의 관계에 대한 것들도 있었다.

> - "무엇보다 유관 부서 매니저들이랑 점심 한 번 먹는 게 협업 때 더 효과적이야."
> - "현장에 나가면 그곳 사람들과 웃고 얘기하면서 더욱 친숙하게 만들어야 해."
> - "같은 업무를 하고 있는 다른 팀과 'OOO 클래스'와 같이 어울리는 자리를 만들어 보면 좋을 것 같아."

이 외에도 직장 선배들은 후배들의 적응과 성장을 위해 다양한 조언을 해준다. 그럼에도 불구하고 적응에 어려움을 겪는 사람들이 의외로 많다. 이런 경우, 자신의 역량을 제대로 발휘하지 못하거나 조직문화 적응에 실패해 이직하는 경우도 발생한다. 이와 관련된 몇 가지 의미 있는 자료를 소개한다.

1. 통계청에서 발표한 '2019년 고등교육기관 졸업자 일자리 이동 통계'에 따르면, 2017년 졸업자의 취업 후 1년 내(2018년 말) 이동률은 20.1%, 2년 내(2019년 말) 이동률은 33.9%로 나타났다.

물론 이 원인은 전공과 지역, 기업 규모 등 다양하겠지만 일자리를 옮기는 경우가 많다.

2. 2015년 메리 미커Mary Meeker의 '인터넷 트렌드 보고서'에 따르면, 밀레니얼 세대에게 가장 중요한 것은 '높은 금전적 보상'이 아니라 '의미 있는 일'이었다. 우리나라도 이와 크게 다르지 않았다.

2021년 6월 제1야당인 국민의 힘에서 30대 당대표가 최초로 선출되었다. 선출된 이준석 대표는 대통령 선거를 앞둔 그해 말 당내 갈등의 중심에 섰고, 많은 시사 프로그램에서 그에 대한 다양한 해석이 나왔다. 그중 아주대학교 심리학과 김경일 교수는 한 라디오와의 인터뷰에서 이준석 대표의 행동에 대해 "세대 차이냐, 아니면 개인 차이냐?"라고 묻는 사회자의 질문에 "세대 차이는 분명히 들어간다. 지금 젊은 세대들이 제일 싫어하는 것 중 하나가 들러리 서는 것이다. 그렇다고 내가 무조건 주역이 되겠다는 게 아니다"라고 말했다. "예전 기성세대들은 시키는 대로 일하면서 그 의미를 찾기도 했다. 하지만 지금 30대 직장인들은 그렇지 않다. 나한테 의미 없는 일을 시키지 마"라고 한다는 것이다.

3. 2016년 한국경영자총협회에서 발표한 자료에 따르면, 1년 이내 퇴사자의 퇴직 이유에서 '조직 및 직무 실패(49.1%)'가 '급여 및 복리후생(20.1%)'보다 높게 나타났다. 자신의 일에 대한 가치와 그 의미가 보다 중요해진 것이다.

위의 세 가지 자료를 분석해 보면, 취업 3년 이내에 조직과 직무에 적응이 어려워지면 그것은 퇴사로 이어진다. 특히 밀레니얼 세대의 경우 금전보다는 일에 대한 의미를 추구하는 경향이 뚜렷히 나타나고 있다.

그렇다면 장기적 관점에서 일의 의미를 뚜렷하게 인식시킨다면 이직률이 줄고, 조직 적응도 잘 할 수 있지 않을까? 이에 대해 서울대학교 심리학과 최인철 교수 연구팀은 서울대학교 학생 97명과 미국인 61명을 대상으로 '즐거움과 의미의 시간적 역동: 선호도와 행동에 대한 시간의 영향'에 대한 연구를 진행했다. 이들에게는 두 가지 질문이 던져졌다. 첫 번째는 '단 하루 동안 하게 될 활동을 선택한다면?'이라는 질문을 던진 후 '즐겁고 신나는 일'과 '의미 있고 가치 있는 일' 중 하나를 선택하도록 했다. 두 번째는 '6개월 동안 하게 될 활동을 선택한다면?'이란 질문을 던진 후 역시 '즐겁고 신나는 일'과 '의미 있고 가치 있는 일' 중 하나를 선택하도록 했다.

연구 결과는 어땠을까? 첫 번째 질문에는 응답자의 절대 다수가 즐겁고 신나는 일을 선택했다. 이는 한국인과 미국인이 동일했다. 그러나 두 번째 질문에는 '즐겁고 신나는 일'과 '의미 있고 가치 있는 일'을 선택하는 사람들의 비율이 매우 비슷하게 나타났다. 시간이 길어질수록 의미 있는 일을 하고 싶은 경향이 뚜렷하게 나타난 것이다.

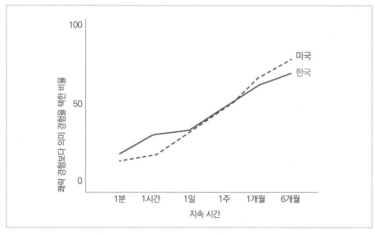

출처 : 《굿라이프》(최인철 지음, 21세기북스, 2018)

[그림4] 지속 시간과 일의 선호도와의 관계(1)

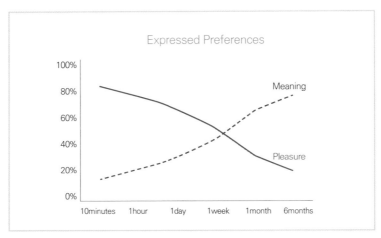

출처 : Fuller, J. A. & Choi, I. (In preperation). Temporal dynamics of pleasure and meaning: Effects of perceived duration of time on preference and decision making.

[그림5] 지속 시간과 일의 선호도와의 관계(2)

심리학 이론 중에 '해석 수준 이론Construal Level Theory'이라는 것이 있다. 어떤 현상이나 대상에 대해 인간은 심리적 거리감을 가지는데, 그에 따라 행동 반응과 선택이 달라진다는 것이다. 이렇게 보았을 때 사람들은 심리적으로 거리가 멀게 느껴질 때는 의미 있는 일과 일의 중요성을, 심리적 거리가 가깝게 느껴질 때는 즐겁고 신나는 일을 하고 싶어 한다고 볼 수 있다.

앞서 소개한 선배들의 사례는 자신들의 경험에서 나온 중요한 정보다. 여기에 '자신이 담당하고 있는 일이 얼마나 가치 있는 일인가?', '그 업무로 인해 어떤 결과물이 만들어지는가?', '그 과정 속에서 당신이 갖는 존재감은 어떤 것인가?'와 같이 대화 시 맡은 일의 의미를 더해 준다면 훨씬 좋은 조언이 될 것이다. 그리고 이에 대해 알려줄 때는 큰 것에서 작은 것, 전체 조직에서 나의 부서와 나의 업무로 연결해서 설명하면 이해하기가 쉽다.

이와 함께 '담당 업무가 다른 업무와 어떤 연관성이 있는지', '좋은 관계를 유지하면 어떤 긍정적인 변화가 이어지는지', '불편한 관계가 어떤 어려움을 초래하는지' 등 회사 내 인간관계에 대한 정보도 매우 중요하다. 한 조직의 구성원이라면 어떤 일로든 서로 연관성을 가질 수밖에 없다. 손뼉도 마주쳐야 소리가 나듯 조직에서 나의 '의미'는 물론 상대방이 가진 '의미'도 매우 중요한 요소가 된다.

4 긍정적인 말로

회복탄력성을 키워준다

 직장인이라면 '멘붕'과 '무기력'이라는 단어가 익숙할 것이다. 이 두 단어의 공통점을 꼽으라면 '지금 아무것도 하고 싶지 않다'가 아닐까 싶다. 어떤 사람이든 항상 의욕이 충만해 있을 수는 없다. 업무가 익숙해지면 지루해지고, 하루하루가 의미 없어지면 무기력감이 몰려오게 마련이다.

 의욕은 언제든 떨어질 수 있고, 업무는 언제든 만족스럽지 못한 결과를 가져올 수도 있다. 이 때 필요한 것은 가슴에 품고 있는 사직서가 아니라 다시 시작할 수 있는 '회복탄력성'이다. 《생각하지 않는 사람들》의 저자인 니콜라스 카Nicholas Carr는 "인간이란 힘들고 어려운 일에 부딪히고, 이를 극복하려고 노력할 때

만이 비로소 풍부한 재능을 기를 수 있다"고 말했다.

그러나 회복탄력성은 타고나는 게 아니다. 회복탄력성은 주어진 상황을 직시하고, 해결을 위해 노력하며, 긍정적인 상황을 만들 때 높일 수 있다. 상사나 동료의 막연한 위로와 희망도 큰 도움이 되지 않는다. 미군 장교 제임스 스톡데일James Bond Stockdale은 베트남전쟁에 참전해 1965년부터 1973년까지 포로로 잡혀 있었다. 포로생활 중 '크리스마스 전에는 나갈 수 있겠지', '부활절 전에는 석방 소식이 있겠지'라며 그저 상황을 낙관한 동료들은 상심에 빠져 죽고 말았다. 하지만 스톡데일은 냉혹한 현실을 직시하고 대비한 끝에 결국 살아서 본국으로 돌아갔다.

리더로서 그가 실천한 방법을 적용한다면 다음과 같을 것이다.

1. 작은 성취감을 맛보게 함으로써 조금씩 회복탄력성을 높인다. 무기력에 빠진 구성원이라면, "OOO 씨, 요즘 너무 힘이 없어 보여. ㅁㅁ를 배워보는 게 어때?"라며 새로운 도전을 응원할 수 있을 것이다. 이것은 업무와 상관없어도 괜찮다.

2. 구성원 스스로 통제할 수 있는 업무를 맡겨 작은 결과라도 만족감을 느끼도록 한다. 업무를 세분화해서 단계별로 목표를 제시하면 반복적으로 성취감을 느낄 수 있고, 일에 대한 새로운 의미가 생겨날 것이다.

3. 업무를 바라보는 시야를 더 넓게 제시한다. 가령, 자신의 업무가 팀 전체에서 차지하는 영향력, 다른 팀과 관계된 업무에서의 영향력, 회사 전체의 시각에서 보는 업무의 역할과 영향 등과 같이 더 넓은 시야로, 장기적인 측면에서 보게 된다면 일에 대한 보람과 의미를 느낄 수 있다. 업무 범위와 관계를 재조정하고 싶다면 '잡 크래프팅 Job Crafting' 을 활용해보는 것을 추천한다.

진정한 리더라면 현 상황에서 빨리 벗어나기만 바랄 것이 아니라 벗어날 수 있는 환경을 제공해야 한다. 어려움을 겪지 않고는 절대 새로워질 수 없다. 어려움을 극복해본 경험이 새로운 리더를 만든다.

법정 스님은 《산에는 꽃이 피네》라는 책에서 '인생의 오르막길과 내리막길'이란 글로 우리 인생을 이야기했다. 직장생활도 크게 다르지 않다. 다음은 그 글의 전문이다.

- 인생의 오르막길과 내리막길 -

우리 앞에는 항상
오르막길과 내리막길이 놓여 있다
이 중에서 하나를 선택해야 한다.

각자 삶의 양식에 따라서
오르막길을 오르는 사람도 있고
내리막길을 내려가는 사람도 있다

오르막길은 어렵고 힘들지만
그 길은 인간의 길이고
꼭대기에 이르는 길이다

내리막길은 쉽고 편리하지만
그 길은 짐승의 길이고
구렁으로 떨어지는 길이다

만일 우리가
평탄한 길만 걷는다고 생각해 보라

십 년 이십 년 한 생애를
늘 평탄한 길만 간다고 생각해 보라

그 생이 얼마나 지루하겠는가
그것은 사는 것이라고 할 수 없다

오르막길을 통해
뭔가 뻐근한 삶의 저항 같은 것도 느끼고
창조의 의욕도 생겨나고
새로운 삶의 의지도 지닐 수 있다

오르막길을 통해
우리는 거듭 태어날 수 있다

어려움을 겪지 않고는 거듭 태어날 수 없다

스티브 잡스는 "위대한 일을 해내는 유일한 방법은 당신이 지금 하고 있는 일을 사랑하는 것이다"라고 말했다. 지금 자신이 하는 일의 의미를 깨닫고 애정을 갖는다면 그 일이 위대한 일이라는 것이다.

그러나 변치 않고 지속적으로 자신의 일을 사랑한다는 것은 쉽지 않다. 그렇다면 일에 대한 의미와 애정은 언제 생겨날까? 그리고 어떻게 하면 업무에 열정을 쏟을 수 있을까?

펜실베이니아대학교 와튼 스쿨로 가기 전 애덤 그랜트Adam M. Grant 교수가 조직한 연구팀이 실시한 실험이 힌트를 제공한다. 그랜트 교수팀은 장학금을 모금하는 콜센터 구성원들을 3개 집단으로 나눈 후 각기 다른 메시지를 전달하는 실험을 했다.

첫 번째 집단에게는 해당 업무를 통해 자신의 급여 수준, 기술, 지식이 얼마나 발전할 수 있는지, 즉 개인적 혜택에 대한 내용을 알려주었다.

두 번째 집단에게는 장학금을 지원받은 사람들의 인생이 어떻게 발전하고, 어떻게 자신들의 꿈을 이루게 되는지 성공 스토리를 들려주었다.

세 번째 집단에게는 아무런 메시지도 주지 않았다.

이렇게 한 후 시작 1주일 전과 연구 시작 4주일 후 세 집단의 모금액을 비교한 결과, 연구팀은 매우 흥미로운 데이터를 얻었다. 두 번째 집단은 모금 횟수가 9건에서 23건으로 크게 증가했고, 금액도 1,288달러에서 3,130달러로 3배 가까이 늘어났다. 반면 개인적 혜택에 관한 메시지를 들었던 첫 번째 집단은 10건에서 13건으로 건수는 증가했지만, 금액은 2,095달러에서 1,854달러로 오히려 줄어들었다. 아무런 메시지를 주지 않았던 세 번째 집단 역시 첫 번째 집단과 비슷한 결과를 보였다. 이 실험은 동기부여 수준과 업무 성과에 대한 연구로, 명분을 제공하면 동기가 부여된다는 것을 알려주었다.

그리고 이 연구팀은 추가 실험을 통해 자신의 업무에 대한 중요성을 깨달은 집단에서 보이는 다음의 다섯 가지 행동 변화를 발견했다.

1) 업무 몰입도 증가
2) 다른 동료를 도와주는 행동 증가
3) 스스로 조직과 사회에 영향을 미치는 사람이라는 만족도 상승
4) 자기 자신에 대한 사회적 가치 상승
5) 업무에 대한 명분과 중요성 증가

'동기부여'는 리더십의 핵심 요소 중 하나다. 이 연구 결과에서 알 수 있듯 사람의 마음가짐, 즉 동기부여가 업무와 조직에 미치는 영향은 매우 크다. 그러나 이러한 마음가짐을 지속하기란 쉬운 일이 아니다. 일에 대한 애정이 식으면 무기력감에 빠지기 쉽고, 동료들의 의미 없는 말 한마디에도 흔들릴 수 있다.

필자가 과거에 코칭을 했던 최 대리의 사례를 보자.

과거 최 대리는 고객과의 대면 접촉이 업무의 주를 이뤘다. 그러나 코로나가 확산한 후 고객들이 대면 접촉을 피하자 상황이 달라졌다. 하릴없이 보내는 시간이 점차 늘어났다. 동료들은 그런 그에게 "일이 많지 않아 좋겠어", "일도 별로 없는데 일찌감치 퇴근해"와 같은 말을 던지곤 했다. 그는 그들의 말에 '나는 회사에 필요한 존재가 아닌가봐'라며 고민에 빠졌다. 별 뜻 없이 던지는 동료들의 말을 비아냥과 조롱으로 받아들인 것이다. 자신으로 인한 문제가 아니라 사회적인 문제임에도 그는 이런 상황을 매우 불편해했다.

내가 코칭했을 때 그는 "일이 많아 늦게 끝나고, 주말에도 동료들과 바쁘게 일했던 때가 오히려 즐겁고, 행복했다"고 회상했다. 그리고 코로나 사태가 길어지자 그는 결국 주위의 시선을 견디지 못하고 사표를 던졌다.

이와 같이 자신의 업무가 조직 내에서 별로 의미 없고, 중요하지 않다고 생각되면 어떤 생각이 들까? '내가 지금 무엇을 하고 있는 거지?', '지금 하고 있는 일이 나의 미래에 도움이 될까?', '이 일이 내가 그토록 원했던 일인가?'와 같은 부정적인 질문이 이어져 내적 혼란에 빠질 수 있다. 그러면 업무에 집중하지 못하고, 일에 의미를 찾지 못하는 상황과 맞닥뜨릴 것이 뻔하다.

　그러나 이때 리더가 구성원을 비롯해 그가 하는 업무의 중요성과 가치를 인정한다면 상황은 달라진다. 구성원은 자기 자신과 일에 대해 애정과 애착을 가지고, 행복감을 느끼며, 더욱 노력을 기울일 것이다. 《피터팬》의 작가 제이스 매튜 베리는 "행복의 비밀은 내가 좋아하는 일을 하는 것이 아니라 내가 하는 일을 좋아하는 것이다"라고 했다. 리더가 새겨들어야 할 말이다. 리더는 구성원은 물론 그들의 그 업무가 조직의 성장과 발전에 영향을 미치고 있음을 깨닫게 해야 한다.

05

동기부여를 부르는
마법사로 거듭나자

Intro

    사람의 지문指紋은 모두 제각각이고, 평생 변하지 않는다고 한다. 심지어 일란성 쌍둥이도 지문은 같지 않다고 한다. 그렇다면 사람의 지문이 같을 확률은 얼마나 될까? 약 870억분의 1 정도라고 한다. 로또 1등에 당첨될 확률이 약 814만분의 1이니 얼마나 희박한지 알 수 있을 것이다.

    사람마다 지문이 다르듯, 사람과 상황에 따라 관계도 저마다 다르다. 대인관계와 커뮤니케이션이 어려운 이유다. 이렇다 보니 둘이 만나 서너 명 이상의 성과를 내는 경우도 있고, 한 사람만도 못한 결과를 내거나 심각한 갈등을 나타내기도 한다. 사람 간의 관계도 수학 공식처럼 숫자를 대입했을 때 정답이 나온다면 얼마나 좋겠는가.

    5장은 앞에서 말한 세 가지 동기부여 대화를 적절히 활용하기 위해 알아야 할 사람들의 다양성을 알아보고, 세부적인 실행 방법을 제시할 것이다. 특히 커뮤니케이션은 사람과 상황에 따라 다르게 적용해야 한다. 같은 사람이라도 한 가지 방법만 계속 써서는 안 된다. 상황, 환경, 타이밍, 업무 성격, 적합성, 수용성 등에 따라 달리 적용해야 효과적이다.

우리는 사람이 저마다 다르다는 것을 알면서도 한두 가지 방법만으로 그들을 대할 때가 많다. 업무에 대한 의욕을 고취시키기 위한 동기부여 대화라면 더욱 세심한 배려와 감성이 필요하다. 그러나 "알고는 있는데 잘 되지 않아요", "알긴 알겠는데 하려고 하면 못 하겠어요"라며 자기를 합리화하거나 시도조차 하지 않는 것이 일반적이다.

이것은 자연스러운 현상이다. 지금까지 하지 않던 말을 하고, 하지 않던 생각을 하는 것이니 망설여지고 어색한 것은 당연하다. 실패에 대한 두려움도 생길 것이다. 이런 상황과 맞닥뜨린다면 다음 질문을 자신에게 던져보자.

'다른 사람과 더 나은 관계를 만들고, 그들과 재미있게 일하고 싶은가? 아니면 고민만 하면서 계속 이렇게 직장생활을 할 것인가?'

우리는 이미 알고 있다. 머릿속 지식은 가치가 크지 않다는 것을. 지식은 써먹어야 가치가 커지고 높아진다는 것을. 커뮤니케이션은 반복을 통해 능숙해지고 세련되어지며 발전한다.

1 신뢰는 동기부여를
쌓는 주춧돌이다

직장인이라면 '밸런스 게임'을 해보지 않은 사람이 거의 없을 것이다. 밸런스 게임이란 선택이 쉽지 않은 두 개의 상황에서 하나를 선택하는 게임을 말한다. 굳이 게임이 아니어도 우리는 항상 선택의 순간을 살고 있다. 그런데 직장인들이 한다는 밸런스 게임의 질문을 검색하면 '나 빼고 천재인 팀에서 숨 쉬듯 자괴감 느끼기 VS. 내가 유일한 희망인 팀에서 혼자 소처럼 일하기'와 같은 질문들에 헛웃음이 저절로 터져나온다.

그중에서도 대인관계와 관련된 밸런스 게임의 질문은 선택이 더 어렵다. 단순한 질문조차도 '예'와 '아니오'로 답하기가 쉽지 않다. 가령, 상사가 "김 대리, 나 믿지?"라고 물을 때, 신뢰가

두터운 관계라면 "그럼요, 제가 누굴 믿겠어요!"라고 답할 것이다. 그러나 믿음이 부족하거나 마주하고 싶지 않은 상사라 해도 이런 질문에 "아니오!"라고 답할 수 있는 사람은 많지 않을 것이다. 이처럼 밸런스 게임은 질문들이 매우 극단적이다.

당신은 동료나 상사들이 "나 알지?", "나 못 믿어?"라고 묻는 것을 경험해보았을 것이다. 그렇다면 '믿는 것'과 '신뢰하는 것'에는 어떤 차이가 있을까? 우리는 그동안 이 두 단어를 거의 구분하지 않고 써왔다. 국어사전에는 이 두 단어의 정의가 다음과 같이 나와 있다.

- 믿음 : 어떤 사실이나 사람을 믿는 마음
- 신뢰 : 굳게 믿고 의지함.

위의 사전적 의미로 본다면 '신뢰'가 '믿음'보다 좀 더 넓고 근본적이며 단단하다는 느낌을 준다. 신뢰는 서로 믿고 의지하는 마음에서 오는 편안한 상태라 할 수 있다. 조직 내 신뢰는 구성원 간의 지속적인 행동을 통해 만들어지며, 구성원 간의 순조롭고 자유로운 의사소통을 가져오는 필요조건이 된다.

최근 들어 국내외에서 '리더의 신뢰도'에 관한 연구가 활발하다. 여기서 많이 활용되는 항목을 몇 가지 꼽으면 다음과 같다.

1. 리더와 서로 자유롭게 아이디어, 감정, 희망 등을 공유한다.
2. 내가 직장생활에서 겪는 어려움에 대해 리더에게 자유롭게 말하고, 리더가 잘 들어준다.
3. 나의 문제점에 대해 말하면, 리더가 건설적이고 친절하게 반응한다.
4. 리더는 자신의 직업을 전문성을 가지고 헌신적으로 접근한다.
5. 리더의 경력을 볼 때, 그 사람의 직업에 대한 역량과 준비성에 대해 의심의 여지가 없다.
6. 리더가 부주의한 일처리로 내 일을 어렵게 하지는 않으리라는 것을 믿을 수 있다.
7. 리더와 교류해야 하는 직장 동료들은 그를 믿을 만하다고 생각한다.

이 7개의 질문에 대해 스스로 평가해보자. 당신은 구성원들에게 신뢰를 주고 있는 리더인가? 구성원들에게도 평가를 요청해보라. 이렇게 평가하다 보면 항목별로 만족스러울 수도 있고,

그렇지 못할 수도 있다. 그러나 그보다 더 깊게 생각해보아야 할 것이 있다.

첫째, 점수에 의해 평가할 경우 '평균의 함정'에 빠지기 쉽다는 것이다. 위에서 주어진 항목은 총 7개다. 몇 개는 점수가 현저히 높고, 몇 개는 현저히 낮을 수 있다. 이런 경우 평균을 냈을 때, 그 평균에 대한 신뢰도가 낮을 수 있다.

둘째, '과일반화Over-generalization'의 오류를 범하는 것은 아닌지 점검해보아야 한다는 것이다. 예를 들어, 7개 항목 중 몇몇 항목만 주의 깊게 생각하고 다른 항목들은 별로 관심을 갖지 않을 경우 편향에 빠질 수 있다.

셋째, 같은 항목에서 스스로 매긴 점수와 구성원들이 매긴 점수 사이에 차이가 존재할 수 있다는 것이다. 이런 경우 제3자 입장에서 객관적으로 바라보아야 한다. 구성원들이 매긴 점수가 더 냉정할 수 있다. 둘 사이의 갭Gap을 줄일 수 있다면 신뢰할 수 있는 리더가 될 것이다.

리더와 구성원 개개인에 따라 신뢰는 차이가 생길 수 있다. 동기부여 대화는 활용을 할 때 그 차이에 따라 접근 방법도 순차적으로 할지, 직진할지 선택해야 한다. 급하면 체하고, 느리면 답답해진다. 빠르게 접근해도 되는 사람에게 느리게 접근하면 답답할 것이고, 천천히 습득하는 사람에게 빠르게 접근하면 적응하지 못할 것이다. 속도나 거리를 조절할 때는 상대방과 조율해 맞추면 된다. 그 방법은 뒤에 나올 '사람이 다르면, 언어도 달라야 한다'에서 다룰 것이다.

신뢰는 구성원들의 업무 능력을 향상시키고 성과를 올리는 밑거름이다. 또한 신뢰는 리더가 가져야 할 당연한 과제이자 존경받는 리더로 성장하기 위한 필수 요소다.

2 상대성을 고려해
맞춤형 방법을 선택하자

　옛말에 "열 손가락 깨물어 안 아픈 손가락 없다"고 했다. 부모에게는 자식 모두가 소중하다는 의미로 쓰였다. 이 말에는 전제 조건이 있다. 깨무는 힘이 같아야 한다는 것이다. 그렇지 않으면 상황에 따라 달라질 수 있다. 경우에 따라 엄지손가락이 더 아픈 손가락이 될 수도 있고, 덜 아픈 손가락이 될 수도 있기 때문이다.

　하버드대학교 마이클 샌델Michael J. Sandel 교수는 《공정하다는 착각》이란 책으로 미국뿐 아니라 우리나라에도 큰 화두를 던졌다. 이 책은 우리가 과연 공정한 기회를 얻고, 공정한 평가를 받으며, 공정한 대우를 받는지 곰곰이 생각하게 한다. 일명 금수저, 은수저, 흙수저로 불리는 '수저계급론'에 대해 들어보았을 것이다. 잡코리아와 알바몬에서 직장인 1,365명에게 '수저계급론'에 동의하는지 물은 적이 있다. 씁쓸하지만 84.9%가 수저계급론은 현실이라고 답했다고 한다. 많은 이들이 태어나면서부터 출발점이 다르다고 생각하고 있는 것이다.

그렇다면 같은 회사에 입사한 동기들은 어떨까? 공정한 기회를 얻고, 공정한 평가를 받는다고 생각할까? 직장생활을 가장 현실감 있게 반영했다고 평가받는 TV 드라마 '미생'. 이 드라마에서 상사와 선배들은 신입 사원들의 스펙에 따라 선입견을 가지고 평가한다. 실제로 많은 직장인들이 이러한 경험을 했을 것이고, 기회의 균등함이나 공정함은 별로 찾아볼 수 없다고 생각할 것이다.

직장생활 중 자주 쓰는 표현으로 "일머리가 있어"라는 말이 있다. 눈치껏 일을 잘 하거나 능숙하게 한다는 뜻이다. 태어날 때부터 누구나 동일한 능력을 타고나는 것은 아니다. 업무를 이해하고 습득하는 과정도 저마다 차이가 있다. 타고난 재능은 누군가의 선택사항도, 누군가가 인위적으로 부여할 수 있는 영역도 아니다.

회사 구성원들은 모두가 엄격한 채용 과정을 통해 입사한 사람들이다. 그러나 저마다 생김새와 개성이 다르듯, 업무 처리 능력이나 재능을 보이는 분야도 다르다. 하물며 같은 부모에게 태어난 자식들조차도 성격이나 재능이 다른데, 다른 부모와 다른 환경에서 성장한 사람들이 같은 회사에 입사했다고 해서 업무 역량이 같겠는가.

이처럼 너무나도 다른 사람들이 직장 상사나 동료들의 평가를 받는다. 인사고과의 경우, 분명한 평가 기준이 있지만 대인관계에 대한 평가는 평가자의 주관적, 편향적 시각이 존재한다. 그러나 사람이 가진 역량은 분명 다르다. 저마다 차이가 있을 뿐이다. 따라서 기회, 평가, 조언도 달라야 공정하다.

예를 들어, 같은 부서에 '순발력이 뛰어난 사람'과 '꼼꼼해서 실수가 없는 사람'이 함께 근무한다고 가정해보자. 해당 부서의 업무 특성상 임기응변보다 정확한 업무 처리가 중요하다면 누구를 더 높게 평가해야 할까? 진정한 리더라면 평가 전 두 사람의 능력에 적합한 기준을 가지고 성장을 시켜야 한다. 각기 다른 이 두 사람은 '순발력'과 '꼼꼼함'이라는 역량의 출발점부터가 다르다. 그에 따라 평가와 조언의 기준도 달라야 한다.

가령, 두 사람의 역량을 측정해보니 다음과 같이 나타났다고 가정해보자. 전체 합은 동일하지만 각각의 역량별로 다음과 같이 차이가 크게 나타났다.

- A 구성원 : 순발력 8점(10점 기준), 꼼꼼함 3점(10점 기준)
- B 구성원 : 순발력 3점(10점 기준), 꼼꼼함 8점(10점 기준)

이런 경우, A에게는 순발력에 대한 구체적인 칭찬으로 끝나서는 안 된다. 꼼꼼함을 갖추도록 무엇이 필요한지 질문을 통해 스스로 알아차리게 한 후, 좀 더 노력하면 충분히 할 수 있다고 용기를 주어야 한다.

이런 눈높이 맞춤 방법을 활용하는 데는 세 개의 핵심 포인트가 있다.

첫 번째는 꼼꼼함에 대한 평가 기준을 A 수준에 맞게 평가하고, 한 단계 높은 성장 목표를 제시하는 것이다. A 입장에서 B의 8점을 바라보면 멀게 느껴질 수 있다. 하지만 4점은 그리 어렵지 않게 생각할 수 있다.

두 번째는 스스로 부족한 점을 알아차리도록 질문하는 것이다. 그래야 더 깊이 느끼고 고민해 어떻게 하면 4점에 이를지 생각하게 된다. 4점에 도달했을 때 느끼는 만족감은 숨겨진 잠

재력을 깨우는 기폭제가 될 것이다.

세 번째는 주변의 동료와 비교해서는 안 된다는 것이다. 상대 평가를 우호적으로 생각하는 사람은 많지 않다. 특히 동료보다 역량이 떨어진다고 느끼는 비교는 절대 피해야 한다.

"조금만 노력하면 되겠어"라는 말은 추상적이고 막연하게 느껴질 수 있다. 그래서 이해와 실천 과정을 쉽게 하려면 숫자를 사용할 필요가 있다. 숫자는 목표와 현 수준을 쉽게 이해하고, 한 단계씩 성장하는 느낌을 주는 데에도 매우 용이하다. 특히 질문을 주고받기에 수월하다. 이 방법을 바로 스케일Scale 기법 또는 스케일링Scaling이라고 한다.

한 사람이 한 가지 능력만 가지고 있는 것은 아니다. 여러 가지 능력을 갖고 있지만, 그 수준은 각기 다를 수 있다. 이처럼 모든 사람의 시작점이 다르기 때문에 동일한 시간에 도착할 수 있는 목표 지점도 달라야 공정하다. 이때 리더의 '눈높이 맞춤형' 조언은 구성원이 해당 역량을 높이는 데 유용한 방법이 된다. 그러면 구성원은 작은 성취감을 통해 더 큰 의욕을 가지게 될 것이다.

3 사람이 다르면, 언어도 달라야 한다

    사람 성격에 따라 다른 깨우침을 주었던 대표적 인물로 공자가 있다. 그의 일화를 한 번 보자.

제자 자로가 어느 날 스승인 공자에게 물었다.

"어떤 말을 듣고 난 다음에는 당장에 이를 행동으로 옮겨야 합니까?"

어려움에 빠진 사람 얘기를 들으면 곧바로 그를 도와줘도 되느냐는 뜻이었다.

그러자 공자는, "아버지나 형에게 의논도 하지 않고 그러면 되겠느냐?"며 크게 꾸짖었다.

그런데 똑같은 질문을 영유가 했을 때 공자는 당장 돕는 것이 좋겠다고 말했다. 이런 사제지간의 대화를 듣고 있던 또 다른 제자가 의아한 표정으로 왜 대답이 다른지 물었다. 공자가 답하기를, "영유는 너무 꾸물거리는 성격이라서 격려한 것이고, 자로는 너무 충동적이고 직선적인 성격이라 일부러 누그러뜨리려 했다"고 말했다.

공자는 이처럼 삼천여 년 전 리더십의 개념조차 알지 못했음에도 불구하고 같은 일이라도 상대방의 성격에 따라 가르치는 법을 달리 적용했던 것이다. 공자처럼 사람의 성격과 상황에 맞춰 조언을 하고, 동기부여를 하려면 어떻게 해야 할까? 다음 세 가지 핵심 요소를 마음속에 가져야 한다.

첫 번째, 사람에 대한 생각을 백지화해야 한다. 선입견과 고정관념을 배제하면 편견이 사라진다. 상대방을 있는 그대로 보아야 그 사람과 상황에 적합한 조언을 할 수 있다.

성격이나 행동 유형을 검사하는 도구들로 '에니어그램', 'DISC', '도형심리', 'MBTI', '버크만 진단' 등이 존재한다. 그중 가장 각광을 받고 있고, 방송에서도 회자되는 것이 MBTI다. MBTI는 검사 결과에 따라 16가지 유형으로 사람들의 성격과 행동을 풀이한다. 그렇다면 인구수만큼 다양한 사람들의 행동 유형을 과연 16가지로 모두 풀이할 수 있을까? 다른 검사 도구도 마찬가지다. 참고할 수는 있겠지만, 그것만으로 사람을 단정 짓는 것은 매우 위험하다.

심리학 이론 중 '조해리의 창Johari's Window'이라는 게 있다. 다음과 같이 자신과 다른 사람 간의 관계를 4가지 영역으로 보여주는 창을 말한다.

① 열려 있는 창 : 자신도 알고, 타인도 알고 있는 영역
② 숨겨진 창 : 자신은 알고, 타인은 모르는 영역
③ 보이지 않는 창 : 자신은 모르고, 타인은 알고 있는 영역
④ 미지의 창 : 자신도 모르고, 타인도 모르는 영역

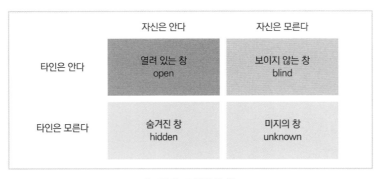

[그림6] 조해리의 창

위의 4가지 영역을 곰곰이 생각해보자. 내가 상대방에 대해 알고 있는 것은 '①열려 있는 창'과 '③보이지 않는 창'과 같이 극히 일부분에 불과하다. 그 일부분으로 상대방을 잘 알고 있다고 믿는다면 큰 착각이다.

예를 들어, 한 구성원이 오랫동안 준비한 보고서에 대해 "이 자료는 여기, 저기, 요기 이렇게 세 군데를 고치는 게 낫겠어"라는 말을 상사에게 들었다고 가정해보자. A의 경우에는 "상사에게 좋은 평가를 받지 못했네. 눈 밖에 나는 게 아닌지 몰라"라고 생각할 수 있고, B의 경우에는 "세 군데만 고치면 되겠네. 전체적으로 좋다는 얘기군. 기분 좋네"라고 생각할 수 있다. 같은 지적일지라도 성격에 따라 이처럼 완전히 다른 반응이 나타날 수 있다. 따라서 구성원의 성격은 물론 신뢰도와 친밀함에 따라 표현도 다르게 해야 한다.

그리고 나면 필요한 두 번째가 바로 심리적 거리감을 줄이는 것이다. 수직적인 조직일수록 상사와 구성원 간의 심리적 거리감이 멀게 느껴진다. '켈의 법칙Kel's Law'에 따르면, 직급이 한 단계씩 멀어질수록 심리적 거리감은 제곱으로 커진다고 한다. 예를 들어 동료 간의 거리를 1로 가정할 경우, 구성원과 바로 위 상사와의 거리는 2가 되지만, 심리적 거리감은 4가 되는 것이다.

부서 회식 시 최고 직급이나 팀장 옆 자리는 가장 나중에 도착한 사람이 앉는 경우가 많다. 심적으로 가까운 사람일수록 가까이서 커피를 마시고 담배를 피운다. 거리감을 느낀다면 같이 담배를 피우지 않거나 아예 끊어버릴지도 모른다. 아니면 먼저 자리를 피할 가능성이 높다. 따라서 이제는 리더나 상사들도 눈치를 좀 가져야 한다. 구성원들이 얼마만큼 심리적 거리감을 갖고 있는지 평소에 그들의 행동을 통해 파악할 필요가 있다.

이런 심리적 거리감을 줄이기 위한 것이 바로 세 번째 요소인 '라포Rapport 형성'이다. '라포'는 서로 신뢰할 수 있는 관계를 뜻하는데, 단기간에 가까워지기 위해 성급하게 접근한다면 오히려 역효과를 낼 수 있다. 라포를 형성하기 위해서는 차근차근 긴 호흡으로 접근해야 한다.

우리나라 사람들은 특히 라포를 형성하는 데 있어서 탁월한 능력을 보인다. '관계성'을 알아보려는 언어습관, 즉 '학연', '지연', '혈연', '흡연', '취미' 등 공통점을 찾는 호구 조사에 능하다. 이런 다양한 소재들 중 하나라도 관계성이 있다면 그것을 매개로 금세 친밀도를 높여간다. 다시 한 번 말하지만 급하면 체한다. 천천히 다가가되 상대방도 다가오는지 살펴야 한다. 자신만 다가가고 상대는 뒷걸음질친다면 거리를 좁힐 수 없기 때문이다.

이 세 가지 요소를 통해 친밀감이 높아지고, 성향 파악을 어느 정도 했다면 자리 배치에도 신경을 써야 한다. 인류학자 에드워드 홀Edward T. Hall이 주장한 개인적 공간을 존중해야 한다. 대략 1m 정도 간격이 정서적으로 편안함을 준다고 한다. 그러나 이 또한 사람에 따라 다르다는 점을 감안해야 한다.

4 있는 그대로
인정하고 바라보자

영국의 극작가 겸 소설가 버나드 쇼의 희곡 《피그말리온》에서 등장인물인 엘라이자 둘리틀Eliza Doolirtle은 이렇게 말한다.

"당신도 알다시피, 옷을 입거나 말을 하는 것과 같이 누구나 쉽게 인식할 수 있는 습관들을 제외하고 실제로 그리고 진실로 숙녀와 소녀를 구분하는 기준은 그녀의 행동 방식이 아니라 그녀를 대하는 다른 사람들의 태도랍니다. 히긴스 교수는 언제나 저를 소녀로만 생각하고 있고, 앞으로도 그럴 것이기 때문에 그에게 저는 언제나 소녀로 남아 있을 거예요. 하지만 당신은 다르죠. 당신은 언제나 저를 숙녀로 바라보고 있고, 앞으로도 그럴 것이라는 것을 알기 때문에 당신 앞에선 숙녀가 될 수 있는 거랍니다."

이처럼 어떤 시각으로 상대방을 바라보느냐에 따라 '숙녀'가 되기도 하고, '소녀'가 되기도 한다. 한 사람을 바라보는 시각이 모두 같을 수는 없다. 집단도 마찬가지다. 집단의 특성을 어떻게 받아들이느냐에 따라 다양한 시각이 존재할 수 있다. 특히 우리나라의 경우, 다른 나라에 비해 한 조직 내에 매우 다양한 세대들이 공존하고 있다.

최근 기업과 조직에서 'MZ세대'가 단연 관심과 화두의 대상이다. 이들에 대한 연구 조사나 자료들도 넘쳐나고 있다. 그만큼 사회적 의미가 크기 때문일 것이다. 그런데 많은 정보가 한꺼번에 쏟아지다 보니 혼란을 준다. 한 조사에서는 MZ세대가 '초과 근무를 싫어하며, 퇴근 이후에는 자신을 위해 투자한다', 다른 조사에서는 '회사에 꼭 필요한 업무고 명분이 있다면 초과 근무나 야근을 할 수 있다'고 한 것이 대표적이다.

최근 우리는 각 세대가 다른 세대로부터 하나의 시각이나 특정 단어로 표현되는 불편한 현실을 마주하고 있다. 이와 같이 한 단어나 문장으로 집단과 사람을 프레이밍Framming하면, 세대의 특징을 해석하는 과정에 영향을 미치게 된다. 특히 언론의

미디어 프레이밍은 사회적 이슈에 대한 여론 형성 과정에 큰 영향을 준다. 프레이밍 과정에서 어느 한 집단을 동질화시키는 틀을 만들면, 이는 자칫 선입견과 고정관념으로 이어져 갈등을 야기할 수 있다. 따라서 개인이나 집단을 하나의 '틀'에 넣는 것은 매우 위험한 발상이다.

세대 간에 다른 생각과 특성을 지니는 것은 오래전부터 인간 사회에서 문제로 여겨졌다. 기원전 1,700년경 수메르인들의 점토판에 "요즘 젊은이들은 너무 버릇이 없다"라는 내용이 있었던 것이나, 기원전 425년 철학자 소크라테스가 "요즘 애들은 버릇이 없다. 부모에게 대들고 스승에게도 대든다"라고 말한 기록이 있듯이, 새로운 세대는 대개 기존 세대와 생각이나 행동이 달랐다. 그러나 이렇게 다름을 인정해야 대화를 할 수 있고, 소통을 할 수 있다.

어느 날 친분 있는 한 교수님께서 "김 교수, 커뮤니케이션 잘하는 방법을 하나만 말하라면 뭐라고 할 거예요?"라고 물었다. 너무 많은 것들이 머릿속에 떠올라 고민에 빠졌다. 그리고 잠시 후 나는 "사람을 바라보는 마음을 지금과는 다르게 하라고 말하겠습니다"라고 답했다.

동기부여를 하고 싶다면 먼저 선입견이나 고정관념을 버려야 한다. 세대 관련 책을 읽거나 자료를 검색하는 것보다 더 중요한 것은 마주하는 순간마다 존중하고, 있는 그대로를 인정하는 것이다. 이해하려다 보면 오히려 이해되지 않을 때가 많다. 이는 서로 다른 환경과 문화와 가치관과 신념 때문에 그런 것이다. 그냥 그 사람의 생각을 존중해주면 된다. 자신의 생각을 다른 사람에게 주입시키거나 이해시키려 할 때 갈등이 싹튼다.

영화 '위대한 쇼맨' OST 중 'This is me'라는 곡이 있다. 이 노래 제목처럼 사람은 모두 '나는 나'일 뿐이다. 다른 어느 누구도 아닌, 그 세대가 나를 대변하거나 그 세대로 일컬어질 수 없는, 말 그대로 '나는 나'일 뿐이다. 따라서 세대라는 선입견을 배제하고 있는 그대로 보는 것이 중요하다. 정 모르겠거나 이해하기 어렵다면 질문을 하면 된다.

지금까지의 삶에는 즐거움도 있고, 어려움도 있었을 것이다. 기뻐서 가슴이 벅찼던 일도 있고, 슬퍼서 통곡한 일도 있었을 것이다. 그 다양한 경험을 거쳐 지금 이 자리에 있는 사람이야말로 자기 인생의 '주인공'이다. 리더는 그 '주인공'을 있는 그대로, 본연의 모습으로 바라보며 대화를 해야 한다. 그래야 그들과 나누는 대화가 동기부여로 이어질 수 있을 것이다.

5 피드백에도
전략이 필요하다

앞서 말한 세 가지 '동기부여 대화'는 어떻게 피드백Feedback을 해야 내면의 동기부여를 자극할 수 있는지에 관한 얘기라 할 수 있다. 피드백은 매우 중요한 메시지 전달 수단이다. 구성원의 행동이나 성과물에 대한 객관적인 평가와 함께 그에 대한 적합한 메시지를 통해 성장을 촉진하기 때문이다.

20세기를 대표하는 경영학자인 피터 드러커Peter F. Drucker는 "역사상 알려진 유일하고도 확실한 학습방법은 피드백이다", "당신의 삶을 바꾸기 위해 필요한 것은 단 하나, 피드백을 하는 것"이라는 말을 남겼다. 또한 하버드대학교 경영대학원의 로버트 카플린Robert D. Kaplan 교수는 "피드백을 못 받으면 구성원은 무능해지고, 리더는 독재자가 된다"며 피드백의 중요성과 역할을 명확히 정의했다.

피드백은 누구나 할 수 있다. 하지만 상대의 마음에 동기부여를 하는 것은 누구나 할 수 없다. 한두 번 대화로 가능하다면 좋겠지만 말하는 사람은 물론 들으려는 사람도 문제가 있기에 현실적으로 쉽지 않다. 특히 의욕이 없는 사람을 상대하는 것은 매우 어려운 일이다. 그러나 일하고 싶은데 방법을 모르거나 머릿속이 복잡해 가닥을 제대로 잡지 못하고 있다면 피드백은 중요한 전환점이 될 수 있다.

이재희 박사의 저서 《비즈니스 커뮤니케이션》에 따라 제대로 된 피드백을 주려면 다음 세 가지 핵심 포인트를 염두에 두어야 한다.

첫째, '타이밍Timing'이다. 불안한 사람은 목표보다 장애물을 보게 마련이다. 정서적 안정은 피드백의 수용성을 높인다. 동기부여 대화를 나눌 수 있는 시간, 공간 등 환경적인 요인이 선행되어야 하는 이유다.

둘째, '대화 주제의 적합성Fit'이다. 개선하려는 행동과 이루려는 목표에서 벗어나지 않도록 주의를 주어야 한다. 특히 객관적

사실에 따른 구체적인 평가와 그에 대한 적합한 정보와 실질적인 피드백을 제시해야 한다.

셋째, '디테일Detail'이다. 한 번에 끝나는 피드백은 거의 없다. 최종 목표를 향한 지속적인 집중력이 요구된다. 따라서 구성원의 역량을 고려한 단계별 작은 목표를 제시해야 한다. 한 번에 큰 그림을 완성하라고 하면 겁을 먹거나 부담을 느낄 수 있다. 하나씩 이루면서 전체 그림을 완성할 수 있도록 섬세한 배려가 있는 단계별 성장 로드맵을 제시해야 한다.

리더는 회사 전체의 그림을 그리는 사람이다. 구성원들이 맡은 바 업무를 다 할 수 있도록 환경을 조성하고, 적재적소에 배치해야 그 그림을 완성할 수 있다. 그림을 그리는 과정에서 최종 목표, 단계별 목표, 달성 기간과 실천 방법 등에 대해 구성원들과 지속적으로 소통해야 한다. 이때 필요한 것이 바로 '피드백'이다.

대한민국 최고 예능인 유재석과 가수 이적이 함께 부른 '말하는 대로'라는 노래가 있다. "말하는 대로 될 수 있단 걸 눈으로 본 순간 믿어보기로 했지. 마음먹은 대로 생각한 대로 할 수 있던 걸 알게 된 순간 고갤 끄덕였지"라는 노래 가사는 우리로 하여금 많은 생각을 하게 한다.

리더들은 자신들이 말하는 대로 구성원들이 따르거나 행동해 주지 않는다고 넋두리처럼 말하곤 한다. 그런 기억으로 힘들었거나 고민했던 경험이 내면에 자리하고 있기 때문일 것이다. 하지만 그들을 마음먹은 대로, 생각한 대로 움직일 수 있는 사람은 리더 자신뿐이다. 구성원들이 '고개를 끄덕이는 순간', 리더는 더 이상 외롭지 않고 그들과 함께 웃을 수 있다.

그 순간을 알리는 시그널이 바로 '질문'이다. 피드백 과정에서 '질문'을 한다는 것은 알고 싶고 배우고 싶다는 뜻이고, '되묻기'는 알아가고 있다는 신호며, '확인' 즉 '요약해서 다시 말하기'는 이해했으니 이제 실천할 수 있다는 매우 긍정적인 반응이다. 피드백을 하는 구체적인 방법과 사례는 앞에서 제시하였기에 여기서 부연하지 않겠다.

피드백을 하는 궁극적인 목적은 '나는 나로 살기로 했다!'라는 마음가짐을 가지도록 하는 데 있다. 김수현 작가의 저서 제목이기도 한 이 문장은 필자에게도 큰 울림을 주었다. 나 자신으로 살기로 하는 것보다 확실한 동기부여가 어디에 있겠는가. 피드백을 했다면 이제 잠시 '기다림'의 시간을 즐기면 된다.

가을은 수확의 계절이다. 필자의 고향 충주는 사과로 유명하다. 수많은 과수원들이 있지만 모두가 최상품의 사과를 수확하는 것은 아니다. 누구나 사과나무를 심을 수는 있지만, 누구나 최상의 상품 가치를 가진 사과를 키울 수는 없다. 사과는 어린 열매일 때는 모두 초록색이다. 그러나 가을에 빨갛고 탐스러운 사과를 얻으려면 농부의 고된 노동과 탁월한 노하우가 필요하다. 한순간도 놓치지 않고 세밀하게 관찰하는 것은 물론, 때에 맞춰 채워주고 덜어내고 가려주고 애정을 쏟았을 때 최상품을 얻을 수 있다. 경영이든 동기부여든 사과를 재배하는 것과 다르지 않음을 나이 먹어 깨닫게 된다.

에필로그

우연히 만난 책이 동기부여의 횃불이 되기를

'우연'이라고 생각했던 일이 지나고 보니 '필연'인 적이 있을 것이다. 이 책이야말로 나에게는 '우연'을 가장한 '필연'의 결과물이다. 2014년 가을, 한 지인의 박사학위 논문 설문 조사를 도와드렸는데, 변수 중 하나가 '리더의 동기부여 언어'였다. 몇 년 후 존경하는 아주대학교 조영호 교수님의 권유로 '스포츠 멘탈 코칭'을 배우게 되었는데, 이때 가장 많이 접한 단어도 '동기부여'였다. 게다가 내 이름까지 '동기'니 우연도 이런 우연이 있을까 싶다.

'리더의 동기부여 대화법'은 그렇게 우연처럼 필연으로 다가와 오랜 준비 기간 끝에 2020년 가을 아주대학교 경영대학원에 교과 과목으로 개설되었다. 그리고 책을 기획하고 목차를 만든 지 3년 만에 산고의 기쁨을 맛보게 되었다. 이 책을 집필하기 위해 여러 연구와 논문과 책들을 보면서 커뮤니케이션에 대해 더 깊이 공부할 수 있었고, 깨달은 것이 많다.

"커뮤니케이션은 스킬을 쓰지 않는 것이 가장 좋은 스킬입니다"라고 하던 후배의 말이 문득 생각난다. 그때는 웃어 넘겼는데 그 말뜻을 새삼 느끼게 된다. 커뮤니케이션은 상대를 어떻게 생각하는지에 따라 나오는 말이 달라지고, 진심으로 상대를 대하는 것이 어떤 화려한 스킬보다 낫다는 것을 깨닫게 된다.

이와 같이 '스킬을 쓰지 않는 스킬'은 긴 호흡을 요구한다. 동기부여 대화를 체득하려면 평소에 일상적인 대화를 활용해야 하기 때문이다. 한번 해보고, 피드백을 통해 점검하는 과정을 반복하다 보면, 점차 익숙해지고 편안하게 대화하는 자신의 모습을 발견하게 될 것이다.

'리더의 동기부여 대화법'에 대한 교육과 코칭 과정에서 만났던 다수의 리더들에게 발견되는 공통점이 있다. 처음으로 '동기부여 대화'를 시도했을 때는 조금 어색해했지만 계속 실천해본 뒤에는 "해보니 마음이 정말 편합니다", "제가 직원들에게 선입견을 갖고 있었음을 알게 되었어요", "예전에 했던 제 행동 때문에 미안한 마음이 들었어요"라는 말을 했다는 것이다.

평소에 바쁘고, 빠르게 처리할 일이 수시로 발생하는 상황에서 리더가 이전과 다른 커뮤니케이션을 하기란 쉽지 않다. 그러나 리더라면 변화의 선봉장이 되어야 한다. 그러면 구성원들에게 변화의 에너지가 퍼져나가게 될 것이고, 그렇게 되면 기업문화로, 우리 조직의 경쟁력으로 자리를 잡으리라 확신한다.

참고 문헌

- A. Rasheed, S.U.R. Khan, M. F. Rasheed, and Y. Munir, "The Impact of Feedback Orientation and the Effect of Satisfaction with Feedback on In-Role Job Performance.", Human Resource Development Quarterly 26, no. 1 (2015): 31-51.
- Frederick Herzberg, "One More Time: How Do You Motivate Employees?", Harvard Business Review, January 2003.
- Fuller, J. A. & Choi, I. (In preparation), "Temporal dynamics of pleasure and meaning: Effects of perceived duration of time on preference and decision making."
- Grant, A. M.(2007), "Relational job design and the motivation to make a pro social difference.", Academy of management review.
- Grant, A. M.(2008), "The significance of task significance: Job performance effects, relational mechanisms, and bound-

ary Conditions.", Journal of Applied Psychology, 93(1): 108-124

- J. Boudreau and S. "Rice, Bright, Shiny Objects and the Future of HR.", Harvard Business Review 93 (July-August 2015): 72-78.

- Mayfield, J. R., Mayfield, M. R. & Kopf, J. (1995), "Motivational language: Exploring theory with scale development.", Journal of Business Communication, 32(4), 329-344.

- Mayfield, J. R., Mayfield, M. R. & Kopf, J.(2007), "The Effects of Leader Communication on a Work's Intent to Stay: An Investigation Using Structural Equation Modeling.", Performance, 20(2), 96.

- Okuda, K.(2018), "Learning through meaning making: Applying job crafting in field learning, Journal of teaching in social work."

- P. Cappelli and A. Tavis, "The Performance Management Revolution.", Harvard Business Review 94 (October 2016): 58-67.

- R Losada. M. & Heaphy, E, "The role of positivity and connectivity in the performance of business teams : A Nonlinear dynamics.", American Behavioral Scientist, 47, pp.760 - 765.
- Sullivan, J.(1988), "Three roles of language in motivation theory.", Academy of Management Review, 13, 104-115.
- S.E. Moss and J.I. Sanchez, "Are Your Employees Avoiding You? Managerial Strategies for Closing the Feedback Gap.", Academy of Management Journal 18, no. 1(2004): 32-44.
- Teresa M. Amabile, Steven J. Kramer(2010). Breakthrough Ideas for 2010 - Harvard Business Review. HBR

- 강혜진(2021), "변화에 발 빠른 상위 20% 기업이 경제적 이익의 95%를 가져간다", 맥킨지 인사이트
- 김경준(2014), "리더의 동기부여 언어가 조직유효성에 미치는 영향: 리더-신뢰와 리더-부하 교환관계(LMX)의 매개효과를 중심으로", 수원대학교 대학원 박사학위 논문
- 김경일(2015), 《이끌지 말고 따르게 하라》, 진성북스
- 김남국(2018), "질책의 덫", DBR No 262, p14.

- 김동기(2013), 《아빠 10분 대화》, 책 읽는 달
- 김동기(2019), "변혁적/거래적 리더십과 조직 유효성과의 관계 연구: 리더의 동기부여 언어의 매개 효과를 중심으로", 한국교통대학교 대학원 박사학위 논문
- 김은주, 조태준 (2013), "리더의 동기부여 언어가 자아 존중감, 자기 효능감, 그리고 조직 몰입에 미치는 영향", HRD연구, 15(4), 1-25.
- 나이젤 니콜슨 외(2011), 《동기부여의 기술》, 박세연 역, 21세기북스
- 랜디 로스(2020), 《앞서가는 조직은 왜 관계에 충실한가》, 김정혜 역, 현대지성
- 로버트 치알디니(2002), 《설득의 심리학》, 이현우 역, 21세기북스
- 리처드 니스벳(2004), 《생각의 지도》, 최인철 역, 김영사
- 마에다 다다시(2014), 《NLP 교과서》, 이찬우 역, 매일경제신문사
- 마이클 샌델(2020), 《공정하다는 착각》, 함규진 역, 와이즈베리
- 메러비스 벨빈(2012), 《팀이란 무엇인가》, 김태훈 역, 라이

프맵

- 박정열(2022), "탁월성을 유지하는 팀의 조건", DBR No 351, pp22-37.
- 백수진(2019), "밀레니얼 세대를 위한 '잡 크래프팅', 일의 의미 느끼게 해야 조직이 큰다", DBR No 268, pp 78-82.
- 브라이언 트레이시(2014), 《동기부여 불변의 법칙》, 황선영 역, 시드페이퍼
- 엄동욱(2011), 《조직 내 소통 활성화를 위한 제언》, 삼성경제연구소
- 이나모리 가즈오(2021), 《왜 리더인가》, 김윤경 역, 다산북스
- 이재희(2021), 《비즈니스 커뮤니케이션》, 한올출판사
- 최인철(2018), 《굿 라이프》, 21세기북스
- 칩 히스&댄 히스(2012), 《스틱》, 안진환&박슬라 역, 웅진씽크빅